Ellen Rachut und Siegfried Rachut
Folgen sexueller Gewalt

W0244903

Ellen Rachut und Siegfried Rachut

Folgen sexueller Gewalt

Verstehen lernen – helfen lernen

Ulrike HELMER Verlag

Bibliografische Information Der Deutschen Bibliothek

Die Deutsche Bibliothek verzeichnet diese Publikation in der
Deutschen Nationalbibliografie; detaillierte bibliografische Daten
sind im Internet über http://dnb.ddb.de abrufbar.

© 2004 Copyright Ulrike Helmer Verlag, Königstein/Taunus
Alle Rechte vorbehalten
Umschlaggestaltung: Atelier KatarinaS / NL
Coverabbildung: Beate Assmann, aus der Ausstellung »ÖFFNE DIE AUGEN –
Ein Trilog über sexuelle Gewalt in der Kindheit«
Druck und Bindung: Niederland Verlagsservice, Königstein/Taunus
Printed in Germany
ISBN 3-89741-141-5

Gesamtverzeichnis sendet gern: Ulrike Helmer Verlag
Altkönigstraße 6a, D-61462 Königstein/Taunus
E-Mail: ulrike.helmer.verlag@t-online.de
Fax: 06174 / 93 60 65

Besuchen Sie uns im Internet: www.ulrike-helmer-verlag.de

Inhalt

Danke!

Danken möchte ich den Frauen, die mir in oft längerer Korrespondenz ihre Geschichte, ihre Gedanken und Gefühle anvertrauten, poetische Texte und Gedichte schickten und dabei auf meine Hilfe vertraut haben.

Ellen Rachut

Danken möchten wir all den Frauen und auch Männern, die bereit waren, unsere ersten Manuskriptentwürfe vor dem Hintergrund des eigenen Erlebens als Betroffene und als Helfer zu lesen, sie zu korrigieren und Anregungen zu geben.

Ellen und Siegfried Rachut

Ellen Rachut

Vorwort

> Wie soll ich etwas ändern, wenn ich nicht mein Ver-
> halten, Denken und Fühlen ergründe?
>
> Julia (Brief)

Seit einigen Jahren engagiere ich mich zusammen mit einer
Freundin für Opfer sexueller Gewalt.[1] Ich selbst erlebte im
Alter von vier und fünf Jahren sexuellen Missbrauch durch
einen Hausbewohner und später dann noch einmal während
der Pubertät durch einen Musiklehrer. Gerade die Wiederho-
lung während der Pubertät kommt häufig vor. Die psychischen und körperlichen Folgen dieses Missbrauchsgeschehens
bestimmten mein Leben, ohne dass ich um die Ursachen der
Beschwerden wusste. Erst im Alter von 52 Jahren begann ich,
diese Erlebnisse durch eine Therapie zu verarbeiten. Nach
Jahren intensiver Arbeit mit meinem Therapeuten, mit meinem Mann, meiner Freundin und mir selbst fühlte ich mich
stark genug, anderen Betroffenen eine Hilfe zu sein. Bei ihnen
entdeckte ich wie in einem Spiegel all die Sorgen, Nöte und
Ängste, die mich früher ständig begleiteten und die auch jetzt
noch manchmal auftauchen. Dazu gehören beispielsweise die
Bedenken: »Ich bin doch nicht normal!« oder »Ich kann meinen Freunden überhaupt nicht erklären, warum ich so komisch bin – das würde niemand verstehen.« Häufig gibt es im
Freundes- oder Familienkreis Menschen mit der ehrlichen
Bereitschaft zu verstehen und zu helfen. Sie sehen einen Menschen leiden und wollen ganz einfach helfen. Aber wie? Erleben sie doch im täglichen Miteinander oft unerklärliche Verhaltensweisen, denen sie hilflos gegenüberstehen.

Aus dieser Beobachtung heraus ist das vorliegende Buch entstanden – als Hilfsangebot für Betroffene, aber auch für ihre Helferinnen und Helfer. Ich habe mich bemüht, die psychischen Probleme und Folgen sexueller Gewalt in kurzer, allgemein verständlicher Form darzustellen, damit dieses Hilfsangebot in der Praxis wirklich die Chance hat, angenommen zu werden.

Um dabei so lebensnah wie möglich zu bleiben, kam ich auf die Idee, Zitate von Opfern sexueller Gewalt einzufügen. Sie zeigen, dass viele Betroffene von ähnlichen Gedanken und Gefühlen geprägt sind. Die Zitate stammen aus drei verschiedenen Quellen:

– Nach Veranstaltungen zum Thema ›Sexuelle Gewalt‹, die ich mit meiner Freundin gemeinsam durchführe, und als Reaktion auf meine Autobiografie,[2] erreichen mich immer wieder Briefe betroffener Menschen. Manchmal entsteht daraus ein längerer aufschlussreicher Briefwechsel.

– Andere Zitate entnahm ich den Darstellungen betroffener Frauen, die sie in einer eigenen Ausstellung öffentlich gemacht haben.

– Im Gästebuch unserer Wanderausstellung ÖFFNE DIE AUGEN – Ein Trilog über sexuelle Gewalt in der Kindheit fand ich oft aussagekräftige Eintragungen.

In all diesen Texten haben Betroffene sehr prägnant ausgedrückt, was in wissenschaftlichen Untersuchungen »Folgen sexueller Gewalterfahrung« genannt wird. Alle Zitate sind wörtlich übernommen, nur die Namen wurden teilweise geändert.

Ellen Rachut

Verstehen lernen

Ich bin ausgefüllt von Schweigen,
      und ich möchte reden.
Ich bin ausgefüllt von Traurigkeit,
      und ich möchte weinen.
Ich bin ausgefüllt von Schmerz,
      und ich möchte schreien.
Ich bin ausgefüllt von tiefer Angst,
      und ich möchte wissen: warum?
Ich bin ausgefüllt von Einsamkeit,
      und ich möchte die Nähe eines Menschen.
Ich bin ausgefüllt von Arbeit und Essen,
      und ich möchte mich spüren.

Ich möchte mich,
Ich möchte mich sehen,
Ich möchte mich erinnern,
Ich will wissen, was er getan.

Nur so lerne ich reden.
Nur so lerne ich weinen,
Nur so lerne ich schreien.

Nur so weiß ich: Warum diese tiefe Angst.
Nur dann kann ich die Nähe eines Menschen zulassen.

      Nur dann werde ich spüren,
            dass ich bin,
                  dass ich lebe!

(aus dem Gästebuch der Ausstellung Warendorf)

I. Über dieses Buch

Ich brauche die Hintergründe. Es ist vielleicht so, dass
der Verstand für das Gefühl den Weg bereitet.
Anna (Brief)

Für wen ist dieses Buch geschrieben?

Bei all meinen Aktivitäten setze ich mich parteilich für die
Opfer sexueller Gewalt ein. Dieses Buch habe ich in erster
Linie für sie geschrieben – damit sie verstehen lernen und sich
aus diesem Verstehen heraus weiterentwickeln können. Auch
wenn es zunächst unbegreiflich erscheint, kann sich doch ein
Begreifen entwickeln für das, was geschah, und für das, was
das Leben seither prägte. Vielleicht entsteht daraus ein duld-
samerer Umgang mit dem eigenen Ich.

Dieses Buch schreibe ich aus meiner persönlichen Sicht als
Frau, der als Kind sexueller Missbrauch durch Männer wi-
derfuhr. Doch man muss davon ausgehen, dass etwa ein Vier-
tel aller Missbrauchsopfer männlich ist. Deshalb hoffe ich,
dass auch sie sich in ihren Befindlichkeiten hier wiederfinden.
Und noch eine Gruppe möchte ich besonders erwähnen, die
Täterinnen. »Es ist heute davon auszugehen, dass in 80 bis
90% aller Fälle der Täter ein Mann ist und in 10 bis 20% der
Fälle der Täter eine Frau.«[3] Also möchte ich hier ausdrücklich
auch die Opfer einschließen, die sexuelle Gewalt durch eine
Frau erfahren mussten.

Aber für alle Betroffenen gilt gleichermaßen, dass die
Unterstützung durch Partner und Partnerinnen, Freundinnen

und Freunde wichtig und hilfreich ist – und überall gibt es Menschen, die helfen möchten, aber nicht wissen wie. Auch für sie schreibe ich, damit sie *verstehen* und *helfen* lernen.

Der rote Faden

Bei unseren Veranstaltungen lernte ich viele Frauen und auch Männer kennen, die als Kind oder Jugendliche Opfer sexueller Gewalt geworden sind. Ihre Missbrauchserlebnisse waren unterschiedlich, doch alle haben wichtige, eigene Strategien gefunden, das Unbeschreibliche zu überleben, *das verletzte Kind in sich*[4] zu schützen. Dabei geht es meistens darum, so wenig wie möglich von den Verletzungen zu spüren, z. B. durch Gefühlsabspaltung oder durch die Flucht in eine imaginäre positive Gegenwelt.

Ich selbst stellte mir damals vor, durch den Wandbehang unseres Wohnzimmers hindurch in eine wunderschöne Welt einzutreten, in der es nur gute Männer gab. Ich durfte spielen, was ich wollte, essen, was ich wollte – überhaupt konnte ich selbst über meinen Alltag bestimmen. Aus dieser imaginären Welt schickte man ein anderes Mädchen in die Realität hinüber, das so aussah wie ich, so sprach wie ich, sich so verhielt wie ich – niemandem fiel es auf. Einen Unterschied gab es allerdings: Dieses Mädchen fühlte nichts. Und genau das habe ich mit meinen Spielkameraden trainiert. Immer wieder provozierte ich sie geradezu: »Ihr könnt mich ruhig kitzeln – sogar unter den Füßen – ich muss dann nicht lachen. Ich spüre nichts.« Es war aber nicht das unter Kindern übliche lustige Kitzelspiel. Immer wieder bedrängte ich die anderen regelrecht. Sie haben mich gekitzelt! Ich musste nicht lachen.

Sie denken beim Lesen vielleicht: »Welch' furchtbares Spiel!« Nein, die Ursache war furchtbar, nicht das Spiel. Mein kindliches ICH hatte sich damit einen ausgesprochen guten Schutz geschaffen. Durch dieses ›Training‹ konnte ich mich, wann immer ich es wollte, fühllos machen. Ich legte einen Panzer um mein Inneres – da hinein kam garantiert niemand. Mein ICH war nur für mich allein bestimmt. Sexueller Missbrauch wird manchmal als *Seelenmord* bezeichnet. Nein, zu meiner Seele habe ich niemanden vordringen lassen – die konnte ich schützen. Das geht vielen ähnlich Betroffenen genauso.

Andere Opfer berichten, sie seien aus ihrem Körper herausgegangen, schwebten an der Decke und sahen das Geschehen als Beobachter aus der Distanz. Einige haben sich krampfhaft auf etwas anderes konzentriert, z. B. die Falten der Gardine gezählt oder den Baum vor dem Fenster anvisiert. All diesen hilfreichen Strategien ist eines gemeinsam: Kinder und Jugendliche arbeiten mit enormer Energie daran, ihr Inneres nicht endgültig zerstören zu lassen. In dieses Innere soll kein Täter, keine Täterin vordringen.

Wenn man von diesem Grundgedanken ausgeht, erscheinen viele Folgen des sexuellen Missbrauchs in einem vollkommen anderen Licht. Egal, ob man z. B. die Angst vor dem Kontrollverlust, das distanzierte Verhalten gegenüber Menschen oder das Fühllosmachen des eigenen Körpers nimmt: Das alles waren einmal sinnvolle Strategien, ohne die kaum jemand die Missbrauchssituation ausgehalten hätte. Damit haben Körper und Psyche ein perfekt funktionierendes, lebensrettendes Regulativ geschaffen!

Sieht man die alten Verhaltensweisen einmal unter diesem Vorzeichen, ergeben sich ganz neue Perspektiven. Nun stehen diese Strategien positiv da. Und das wäre dann vielleicht die Grundlage für ein erstes Akzeptieren des eigenen Körpers – des Körpers, den Missbrauchsopfer aus erklärlichen Gründen oft ablehnen. Jetzt endlich den Sinn der eigenen Reaktionen zu erkennen bedeutet, Körper und Psyche dankbar für eine so hilfreiche, lebensrettende Reaktion zu sein.

Diese Sichtweise stellt den *roten Faden* für die folgenden Kapitel dar. Wenn sowohl Betroffene sexueller Gewalt als auch ihre Helferinnen und Helfer diesen Denkansatz annehmen, ist es möglich, alte Strategien – so hilfreich und sinnvoll sie einmal gewesen sind – neu zu überdenken. Zur Heilung gehört, dass sich aus dem Erinnern- und Verstehen-Lernen neue Denkstrukturen entwickeln. Dann können andere, für ein unbeschwerteres Leben typische Verhaltensweisen entstehen. Dabei sollte man sich allerdings darüber im Klaren sein, dass es ein Weg der kleinen Schritte und der großen Geduld ist.

Wie ist dieses Buch gemeint?

In den einzelnen Kapiteln werden nacheinander mögliche Folgen sexueller Gewalt dargestellt. Damit ist aber keineswegs gemeint, dass jede/jeder Betroffene alle Folgen bei sich finden muss. Sie treten nicht alle zugleich auf. Bei der Auflistung von Auswirkungen sexueller Gewalt in einer Selbsthilfegruppe traf ich auf die spontane Reaktion: »Ja, das kenne ich und das auch. Aber das da betrifft mich nicht – das auch nicht – und das auch nicht. Gott sei Dank!« So ist es gemeint. Es wäre hingegen fatal zu sagen: »Weil ich als Kind oder Jugendliche missbraucht wurde, müssen bei mir sämtliche hier aufgelisteten psychischen Symptome entstanden sein.« Der Umkehrschluss: »Wenn ich eines der hier aufgezählten Symptome aufweise, muss ich früher einmal sexuelle Gewalt erfahren haben« ist genauso falsch.

Mit den folgenden Kapiteln möchte ich niemanden für den Rest seines oder ihres Lebens auf eine *Opferrolle* festlegen. Das sehen Betroffene im Allgemeinen ähnlich.

Und dann musst du einen Willen haben, das Ganze zu überwinden. Auch den Willen, sich verdammt noch mal nicht nur auf den Opferstatus reduzieren zu lassen und sich auch nicht selbst darauf zu reduzieren. Nicht alles, was quer geht, nicht jedes Unheil ist auf den Missbrauch zurückzuführen. Ich meine, damit kann man es sich sehr einfach machen und auch Verantwortung für sich selbst abgeben, wenn man alles darauf schiebt. Aber so ist es nicht. Es geht so vielen Leuten oft schlecht, die nie missbraucht wurden.

Anna (Brief)

Dazu möchte ich noch ein Zitat aus dem *Frauentherapie Handbuch*[5] ergänzen:

»Betroffene Frauen dürfen nicht auf den Klientinnenstatus ›Frau mit sexuellen Gewalterfahrungen‹ reduziert, sondern müssen als wertvolle Persönlichkeiten begriffen werden, wobei ihr gesamter Lebenszusammenhang zu berücksichtigen ist. Die Erfahrung, sexueller Gewalt ausgeliefert zu sein, ist zwar ein zentraler Faktor, jedoch nur einer von vielen, der die Persönlichkeitsentwicklung prägte. Somit ist es auch nicht möglich, die sexuellen Gewalterfahrungen isoliert aufzuarbeiten. Das bedeutet auch, betroffene Frauen nicht als defizitär zu begreifen, sondern bei ihren Stärken, Fähigkeiten, Widerstandsformen, Wünschen und Bedürfnissen anzusetzen und diese zu unterstützen. Jede verfügt über Stärken und innere Fähigkeiten, denn sonst hätte sie nicht überlebt.«

II.   Ein Trauma und seine Folgen

> Weil ich mich verstehen will, weil ich Antworten su-
> che, oft auf Fragen, die ich noch nicht einmal fassen
> kann, in Worten ausdrücken kann.
>
> Julia (Brief)

Trauma

»Sie war damals noch so klein; das hat sie längst vergessen«
oder »Das ist doch so lange her! Warum willst du es immer
wieder hervorkramen?« oder »Andere haben auch Schick-
salsschläge hinnehmen müssen. Stell dich nicht so an!« –
ähnliches hören Opfer immer wieder. Hier geht es aber nicht
um einen *normalen* Schicksalsschlag, bei dem die Personen
handlungsfähig bleiben, sondern um ein besonders tief grei-
fendes Erlebnis. Es gibt zwar auch traumatische Schicksals-
schläge. Aber sexuelle Gewalt traumatisiert die Opfer in den
meisten Fällen so, dass ihre gesamte Persönlichkeit, ihr Denken und Fühlen bis zur Aufarbeitung und weiter darüber
hinaus beeinflusst oder gar bestimmt werden. Außerdem
findet der Missbrauch normalerweise nicht als Einzelerlebnis
statt, sondern über einen längeren Zeitraum. So entsteht eine
chronische Traumatisierung. Deshalb möchte ich zunächst
auf den Begriff ›Trauma‹ eingehen.
    Das Trauma ist deshalb nicht wie ein einfacher Schicksals-
schlag oder andere schlimme Erlebnisse zu sehen, weil es sich
hier um einen Angriff auf das Leben, auf die körperliche und
seelische Unversehrtheit des Opfers handelt. Ein Trauma ist

immer mit tiefer Angst, Hilflosigkeit und Kontrollverlust verbunden. Im Moment des traumatischen Erlebens sind alle bekannten Abwehrstrategien lahm gelegt; sie haben ihren Sinn verloren. Also gibt es nur ein Erstarren und Verkrampfen in völliger Ohnmacht. Bei Tieren kennt man diese Reaktion als hilfreichen *Tot-stell-Reflex* im Kampf mit einem übermächtigen Gegner. Einerseits wird dieser Gegner dadurch von weiteren Angriffen abgehalten, andererseits spürt das Opfer in einer solchen Erstarrungshaltung weniger von den Schmerzen.

Einen ähnlichen Reflex scheint der Mensch in einer traumatischen Sitation zu zeigen. Starr vor Angst und Schrecken, ohnmächtig und hilflos, d.h. scheinbar ohne Gegenwehr nimmt ein Opfer das traumatische Geschehen hin. Widerstand hat keinen Sinn mehr; es bleibt nur die Kapitulation. Das Opfer flieht nicht real aus der Situation, sondern flüchtet sich gedanklich in eine imaginäre Welt. Damit gelangen zwar die Ereignisse noch ins Bewusstsein, doch die zugehörigen Gefühle werden nicht mehr der Realität entsprechend wahrgenommen, sondern davon abgetrennt.

Für Außenstehende sieht es nun so aus, als hätten diese Kinder oder Jugendlichen die sich ständig wiederholenden Taten ohne Gegenwehr hingenommen. Doch in Wirklichkeit waren die Opfer den übermächtigen Tätern oder Täterinnen derart schutzlos ausgeliefert, dass ihr Körper reflexartig den Erstarrungsmechanismus in Gang setzte – den einzig möglichen Selbstschutz. Wie gut, dass er funktionierte!

Folgen

Immer wieder denken die Opfer, sie seien an allem Schuld, weil sie sich nicht gewehrt haben, und verlieren damit die Selbstachtung. Diese Schlussfolgerung stimmt aber nicht. Die innere Erstarrung war ihre Gegenwehr. Doch anders als in der Tierwelt lassen menschliche Aggressoren nicht von einem erstarrten Opfer ab. Also ist es allein die Schuld dieser Angreifer, den natürlichen Abwehrmechanismus durchbrochen zu haben.

Eine derart traumatische Gewalterfahrung überfordert die seelische und körperliche Bewältigungskraft von Kindern und Jugendlichen in extremer Weise. Daher kann ein solches Erleben nicht ohne Folgen bleiben. Wissenschaftliche Untersuchungen zeigen deutliche Zusammenhänge zwischen sexuellem Missbrauch und typischen Langzeitfolgen im Erwachsenenalter.[6]

Kurz zusammengefasst lassen sich drei wichtige Ursachen für die Folgen sexueller Gewalt anführen:

- Alle zwischenmenschlichen Beziehungen geraten außer Kontrolle, wie z. B. Bindungen an Familie, Freunde und Partner.
- Das Selbstbild, das sich im menschlichen Miteinander bildet, wird zerstört.
- Das eigene Wertesystem und das Vertrauen in eine humane Ordnung – ein wichtiger Grundpfeiler für zwischenmenschliche Beziehungen – gerät aus den Fugen.

Hinzu kommt, dass der Missbrauch in einer Zeit stattfindet, in der die Entwicklung des Kindes oder der Jugendlichen noch nicht abgeschlossen ist. Deshalb sind Menschen in diesem Lebensabschnitt besonders leicht manipulierbar.

Art und Ausprägung der Folgen für das Erwachsenenleben hängen von verschiedenen Faktoren ab, z. B.: Handelte es sich um ein einmaliges Erleben oder eine länger andauernde Missbrauchssituation? Bestand eine enge Beziehung zum Missbraucher? Ging der Missbrauch bis zur schwersten Form, zu Körperkontakt und Penetration? Für das subjektive Empfinden von Kindern oder Jugendlichen muss die Art der sexuellen Kontakte nicht unbedingt eine ausschlaggebende Rolle spielen. So kann z. B. ein Berühren der Genitalien mit genau so viel Angst, Scham und Schrecken besetzt sein wie ein erzwungener Geschlechtsakt.

Untersuchungen weisen darauf hin, dass die Folgen des Missbrauchs verringert werden, wenn die Opfer in einer stabilen Familie aufwachsen, vor allem in unterstützender, vertrauensvoller Beziehung zur Mutter. Außerdem wirken sich Erfolge in der Schule und im Kontakt mit Gleichaltrigen positiv aus.[7] Die Studien zeigen weiter, dass negative Folgen des Missbrauchs auch später noch abgemildert werden können. Das wurde beispielsweise bei Opfern nachgewiesen, denen es gelang, in einer stabilen Beziehung zu leben. Erklärt wird das mit dem heilenden Einfluss einer nachhaltigen Vertrautheit.[8]

In diesem Buch versuche ich lediglich, einige der Auswirkungen zu schildern. Dabei gibt es nicht *das* typische Missbrauchssyndrom, sondern eine Vielzahl unterschiedlicher Verhaltensauffälligkeiten. Viele Untersuchungen teilen die Langzeitfolgen sexuellen Missbrauchs in drei Gruppen ein, ähnlich der hier vorgenommenen: Mögliche Folgen

– für die eigene Persönlichkeit,
– für zwischenmenschliche Beziehungen und
– für die Sexualität.

Dabei berücksichtige ich hier nicht die schweren psychischen Störungen, die in den klinischen Bereich gehören, wie Posttraumatische Belastungsstörung, Multiple Persönlichkeitsstörung oder Borderline-Persönlichkeitsstörung.

Man sollte also sehr vorsichtig und überlegt mit den hier aufgeführten Folgen umgehen.

Es ist falsch, alles was nicht läuft, alles, was im Leben schief läuft, auf den Missbrauch zu schieben, als Folgen anzusehen. Es ist auch von anderen falsch, alles (jedes »Benehmen«) damit abzutun, damit beiseite zu legen und schnell das Thema zu wechseln. Aber es ist auch falsch, alles als meine Schuld, mein Versagen, meine Unfähigkeit, meinen »schlechten Kern« anzusehen. Beides verfehlt, nimmt mich nicht ernst. Beides drückt sich vor der Auseinandersetzung mit dem Thema, also auch vor der Auseinandersetzung mit mir selbst.

Julia (Brief)

III. Mögliche Folgen
für die eigene Persönlichkeit

> Ich kann es nur annehmen, wenn ich es verstehe,
> wenn es etwas Fassbares wird.
>
> Julia (Brief)

Durch die Missbrauchserfahrung kann eine ganze Reihe von Persönlichkeitsveränderungen mit unterschiedlicher Reichweite entstehen. Sich dessen bewusst zu werden, eröffnet gleichzeitig die Chance, diesen Teufelskreis zu durchbrechen, Muster zu erkennen und langfristig umzulernen. Dabei gibt es keine eindeutige Kausalkette. Man kann sogar sagen: Auch für eine konkrete Folgeerscheinung lässt sich nicht eindeutig eine einzige Ursache aus einem bestimmten Bereich des vielfältigen Missbrauchsgeschehens angeben. Das zeigt sich beispielsweise bei gestörtem Essverhalten. Selbst wenn in diesem Fall die Hauptursache sexuelle Gewalt ist, können die Essstörungen dennoch verschieden begründet sein und sich unterschiedlich auswirken. Deshalb wird das Thema ›Essstörungen‹ zum einen unter dem Oberbegriff ›selbstzerstörerisches Verhalten‹ und zum anderen unter ›Suchtgefährdung‹ beschrieben.

Angst und Panik

*Ich habe Angst, Angst, diesen Antrieb, der da noch ganz
tief in mir ist, zu verlieren. Ich habe Angst, mich zu
verlieren. Jeden Tag ein kleines Stück mehr unterzugehen,
mich im Horror und Terror aufzulösen.*

Anke (Brief)

*Habe eine ganze Woche nur in einem Zimmer existiert,
weil ich Angst hatte, Angst vor die Tür zu gehen, habe sie
immer noch, diese Angst.*

Anke (Brief)

*Ich hatte solche wahnsinnige Angst, Angst davor mich
wieder »auszuklinken«, Angst davor, die gehörten Worte
nicht zu verkraften.*

Anne B. (Brief)

Die Angst der Kinderzeit ist noch immer da. Damals war es
die Angst vor dem Täter, der Täterin – die Angst, dass es
heute wieder geschieht – die Angst vor den schmerzenden
Gefühlen – davor, sich nicht wehren zu können – die Angst
vor dem Bekanntwerden des ›Geheimnisses‹ und der Reaktion der anderen darauf – die Angst vor dem Auseinander-
brechen der Familie – vor dem Verlust von Liebe und Nähe
... tausend Ängste, die nie ausgesprochen werden konnten
und die einem niemand nahm. Sie standen im Zentrum des
Alltags. Alles drehte sich um sie, die Ängste bestimmten un-
merklich immer stärker das eigene Leben.

Die tiefste, alles beherrschende Angst betrifft das Miss-
brauchserlebnis selbst. Durch das ohnmächtige Erstarren
werden in dieser Situation die Gefühle abgetrennt vom Geschehen im Körper gespeichert. So ist es dem Opfer möglich,
das Ganze wie in Trance fühllos zu erleben. Auch wenn der
Missbrauch aufgehört hat, bleibt die Angst latent im Körper
vorhanden. Sie kann immer wieder in Situationen hochkom-

men, die unbewusst an das Gewaltgeschehen erinnern. Und gerade weil sie davon losgelöst, scheinbar ohne Anlass hochkommt, ist den Opfern der Zusammenhang gar nicht bewusst.

Auch bei mir geschieht das immer wieder einmal. Ich sitze am Computer und schreibe dieses Manuskript. Plötzlich überfällt mich dabei eine starke innere Unruhe und Angst mit Bauchschmerzen, Blähungen und dem bei mir üblichen ›Schiss haben‹. Dann plagt mich wieder einmal kurzfristig der Durchfall. Dabei sitze ich völlig sicher im Arbeitszimmer! Mein Verstand weiß genau, hier kann überhaupt nichts passieren. Aber ich beschäftige mich ja mit dem *gefährlichen* Thema. Also wird wieder die alte Angst mobilisiert, die heute gar nicht mehr dazugehört. Das Missbrauchsgeschehen und die eigentlich dazugehörige Angst hat mein Körper getrennt voneinander gespeichert.

Mit dem Geschehen kann ich inzwischen umgehen, es macht mir heute keine Angst mehr. Doch die damalige Angst befindet sich sozusagen in einer anderen Schublade und meldet sich unerwartet zu Worte. Dabei entwickelt sie eine nicht mehr zu durchschauende Eigendynamik. Das kann sich beispielsweise in dem unbestimmten Gefühl äußern, immer auf der Hut sein zu müssen. Virginia Woolf, die als Kind über längere Zeit sexuellen Missbrauch durch zwei Stiefbrüder erleben musste, beschrieb es einmal so: »als würde gleich etwas Kaltes & Schreckliches passieren [...] Und ich habe nicht die Kraft, es abzuwenden. Ich stehe völlig schutzlos da. Und diese Angst & dieses Nichts umgeben mich mit einem Vakuum. Betroffen sind vor allem die Schenkel.«[9] Das kenne ich auch von mir selbst. Dann spanne ich automatisch alle Muskeln an – so, als müsse ich bereit sein, sofort loszuspringen, sobald die Gefahr auftaucht. Bei manchen Personen kann das zu schlimmen Verspannungen und Verkrampfungen in verschiedenen Körperregionen führen.

Von Betroffenen werden immer wieder viele Arten von Angst genannt: Angst vor der Dunkelheit, vor Autoritätspersonen, vor bestimmten Räumen, vor dem Autofahren, vor der Höhe auf Brücken und Türmen. Andere meiden Situationen, die sie an das Missbrauchsgeschehen erinnern. So mag ich z. B. noch immer nichts Schokoladenartiges essen, denn damals bekam ich – sozusagen als Trostpflaster – nach sexuellen Missbrauchshandlungen häufig Schokolade geschenkt. Auch werden Angst machende Situationen auf ähnliche Personen und Gegebenheiten übertragen, ohne sich der Ursache bewusst zu sein. Dabei kann es so weit gehen, dass diese Menschen regelrecht von Angst- und Panikattacken ergriffen werden und wie damals keine Chance sehen, sich dagegen zu wehren. Diese Ängste lähmen sie so sehr, dass der Glaube an eigene Stärken immer mehr abnimmt.

Meine Diagnose: Depressive Erkrankung mit Angst, symptomatisch. In meinem Alltag sind oft die einfachsten Dinge für mich nicht zu bewältigen: Einkaufen, Autofahren, Friseurbesuch, Spaziergang, Kinder zu Freunden fahren, Kinobesuch, Party, Sport und vieles mehr.

S. (Selbsthilfegruppe)

Während meiner Therapiezeit überkam mich viele Male eine tiefe Angst. Wie ich damit umgegangen bin, habe ich damals in meinem Tagebuch festgehalten:

»Dort zwischen Brust und Hals, wo es so schmerzte, saß ein Kind zusammengekauert, mit angezogenen Beinen und die Hände vor dem Gesicht, das ich beruhigen und trösten müsste. Ich habe meine Arme um meinen Brustkorb gelegt. So als müsse ich dieses Kind beschützen. Plötzlich merkte ich, wie ich mich auf meinem Klavierhocker bewegte, als wolle ich dieses Kind ganz vorsichtig wiegen. ›Ganz vorsichtig‹ war überhaupt die Haltung, in der ich mit dem Kind umgehen wollte. Ich habe in meinem Inneren beruhigend auf das Kind eingeredet und mit ihm zusammen geweint, bis mich das Telefon aus dieser Stimmung herausriss. Aber seltsamerweise wurde ich viel ruhiger. Die Angst war weg, und ich fühlte mich wieder ausgeglichener.«

Das kleine Kind in mir anzunehmen, es zu trösten, war eine Haltung, die mir oft geholfen hat.

Schmutz und Scham

Ich fühlte mich beschmutzt, mit einem Makel behaftet, den ich niemals werde abwaschen können. Würde ich nun mein ganzes Leben lang über meine Geschichte definiert werden? Ich spürte deutlich: Ich bin doch MEHR als nur ein misshandeltes und missbrauchtes Kind!

Eva (Brief)

Ich fühlte mich so schmutzig und versuchte verzweifelt, »gut genug« zu sein. Ich glaubte, mir Liebe verdienen zu müssen.

R. (Selbsthilfegruppe)

Alles, was damals in der Missbrauchssituation an Abscheu, innerer Abwehr, Ekel und Scham in hilfloser Ohnmacht erstarrte, scheint sich im eigenen Körper fest eingenistet zu haben, und zwar unabhängig von der Erinnerung an den realen Ablauf des Geschehens. Irgendwo klebt es noch immer am Körper: die widerliche Hand, der bedrohlich große Penis, der furchtbare Geruch, das Sperma, der Speichel, das Blut – all das. Losgelöst von seiner ursprünglichen Bedeutung bleibt das Widerwärtige als Gefühl gespeichert und richtet sich gegen das eigene Körpergefühl. Deshalb erzählen Betroffene immer wieder davon, wie schmutzig, abstoßend und eklig sie sich selbst fühlen und dass sie sich ihres Körpers schämen. Bei einigen entsteht daraus ein regelrechter Waschzwang. Sie duschen viele Male am Tag, waschen sich immer wieder die Hände oder putzen ständig die Zähne. Das Gefühl des Schmutzigseins können sie nicht der damaligen Missbrauchssituation zuordnen, sondern bringen es in ihre Gegenwart hinein.

Ich schrieb während der schlimmsten Zeit der Therapie einmal in mein Tagebuch: »Eine Woche lang war ich jetzt überhaupt nicht fähig, meinen Körper auch nur in irgendeiner Weise zu akzeptieren, geschweige denn, ihm etwas Gutes zu tun. Ich empfand ihn nur noch als ekliges, verunstaltetes Monster.«

Natürlich war es während des traumatischen Geschehens ein guter Selbstschutz, das Fühlen vom realen Erleben zu trennen. Zwar ist heute den meisten klar, dass sich nicht das Opfer schämen muss, sondern allein die Täter schmutzig, eklig und abstoßend sind. Doch für die Betroffenen dauert es lange und erfordert viel Geduld, das Gefühl des Schmutzigseins in die Vergangenheit zu verbannen und mit sich ›ins Reine‹ zu kommen. Mich hat es dabei immer wieder ein Stück voran gebracht, wenn ich in sicherer Umgebung oder sogar mit anderen Opfern über die Schuldfrage sprach.

Frau B. hat mal was Wunderbares getan, als ich mich gerade besonders schmutzig fühlte – sie hat mich ganz fest in den Arm genommen und mir dann gesagt, dass sie niemals etwas Schmutziges in den Arm nehmen würde. Das tat ungeheuer gut. Also rational weiß ich, dass ich weder schuldig noch schmutzig bin. Und ich hoffe, wenn ich mir immer wieder vorstelle, wie klein ich war, als es begann, dass der Gedanke irgendwann in das Gefühl übergeht.

Anna (Brief)

In der Zeit, als ich selbst meinen Körper ablehnte, bat ich meinen Mann, mir ein besonders gut duftendes Duschgel zu schenken. Natürlich hätte ich mir das auch selbst kaufen können. Aber es musste von ihm kommen. So half er mir, meinem Körper etwas Gutes zu tun, ihn rein zu waschen, zu pflegen und ihm einen wunderbaren Duft zu gönnen. Und er zeigte mir, dass ich für ihn nicht schmutzig bin.

Scham und Schuld

Wie soll ich jemandem erklären, dass es mir deshalb heute so schlecht geht? Ich schäme mich zuzugeben, was mir als Kind passiert ist.

Gabi (Selbsthilfegruppe)

Betroffene schämen sich, weil sie der Meinung sind, das Geschehene sei ihre Schuld – und das glauben fast alle Opfer sexueller Gewalt. Selbst wenn ein Therapeut sagt: »Es kann gar nicht Ihre Schuld gewesen sein. Sie waren dazu noch viel zu jung. Die Täter sind die Erwachsenen. *Sie* hätten die Grenzen einhalten müssen«, überzeugt das nur für kurze Zeit. Verstärkt wird das Schuldgefühl noch, wenn der Missbrauch auch mit positiven Gefühlen verbunden war. Welches Kind lässt sich nicht gern streicheln? Und es hat ja ein Recht auf schönes, liebevolles Streicheln.

Täter und Täterinnen schaffen es durch heimtückisch geplante Manipulation, die Schuldfrage vollkommen umzukehren und sich damit scheinbar rein zu waschen. Auch wenn jede Missbrauchsgeschichte anders ist, ähneln sich doch die Strukturen psychischer Gewalt in erstaunlicher Weise:

- *Kontrolle des Opfers in allen Lebensbereichen. Damit wird ihm jegliche Selbstständigkeit geraubt.*

  Es beginnt unbemerkt mit harmlos erscheinenden Fragen und artet schließlich zur völligen Überwachung aus. Schleichend nimmt die Einflussnahme zu, bis hin zum absoluten Bestimmen des Tagesablaufs.

- *Bindung durch Komplimente, Lob und Belohnungen verschiedener Art.*

  Dabei ist es nur menschlich, Komplimente, Lob und Belohnungen als positiv zu empfinden. Indem Täter ihren Opfern versichern, etwas ganz Besonderes zu sein, versuchen sie heimtückisch, das Unterbewusstsein zu beeinflussen.

- *Im Opfer bewusst Angst und Hilflosigkeit erzeugen.*

Durch Drohungen, unvorhersehbare Gewaltausbrüche und launisches Beharren auf unbedeutenden Regeln beweisen sich Täter als scheinbar mächtig und stark.

– *Allmähliches Unterbinden aller Beziehungen des Opfers zu anderen Menschen.*

Damit hat das Opfer keine Möglichkeit mehr, sich materielle Hilfe, emotionalen Beistand oder auch nur Informationen von anderen zu beschaffen. Die Abhängigkeit vom Täter oder der Täterin wächst. Das Opfer klammert sich immer stärker an die eine erlaubte Beziehung und sieht irgendwann alles nur noch mit den Augen des Täters oder der Täterin.

– *Dem Opfer einreden, aus eigenem Antrieb mitgemacht zu haben.*

Unterwerfung allein scheint Täter nicht zu befriedigen. Sie müssen ihre Tat vor sich selbst rechtfertigen, indem sie dem Opfer die Verantwortung für das Geschehen übertragen – beispielsweise mit Sätzen wie: »Du hast ja mitgemacht« oder »Dir hat es doch auch Spaß gemacht.«

– *Das Opfer dazu bringen, gegen eigene moralische Prinzipien zu handeln und gegen seinen Willen elementare menschliche Bindungen zu verraten.*

Kinder und Jugendliche wissen, dass hier etwas Unrechtes geschieht. Sie fühlen sich schuldig, weil sie glauben, dabei mitgemacht zu haben, und dazu oft noch, weil sie ihnen nahe stehende Menschen – Geschwister, Eltern – belogen oder verraten haben.

Wenn Täter es schaffen, das Opfer bis zu diesem letzten Punkt zu bringen, haben sie es vollkommen in der Hand. Jetzt schämen sich die Kinder und Jugendlichen zutiefst. Weil das Opfer sich selbst als Mittäterin oder Mittäter sieht, fürchtet es von sich aus ein Öffentlichwerden der Tat. Sobald es von jeglicher Möglichkeit ausgeschlossen ist, Hilfe zu holen, scheint die eigene Schuld endgültig und damit lebensbestimmend zu sein.

Ich habe lange gedacht, ich habe es ja zugelassen, also bin ich selbst schuld. Erst viel später habe ich begriffen, dass ich nicht verantwortlich bin.

(Selbsthilfegruppe)

Außerdem ist in den Medien oder den Gesprächen der Erwachsenen fast ausschließlich von den spektakulären Fällen des Missbrauchs die Rede, bei denen der fremde Mann ein Kind entführt, vergewaltigt oder sogar tötet. Selten aber werden Kinder oder Jugendliche darauf vorbereitet, wie häufig sexuelle Gewalt geschieht und dass die weitaus meisten Fälle im eigenen sozialen Nahbereich passieren. Fast alle Opfer glauben: »Nur mir allein geschieht das. Niemandem sonst passiert so etwas. Also liegt es wohl an mir.« Daraus entsteht eine Verquickung von Schuld- und Schamgefühl – eine Hilflosigkeit, aus der Kinder, aber auch Jugendliche keinen Ausweg sehen.

Selbst wenn die Missbrauchssituation schon lange zurückliegt, wagen es erwachsene Frauen und Männer oft nicht, darüber zu sprechen. Zu häufig hören sie Äußerungen wie: »Das Kind hat sich ja schließlich aufreizend verhalten und den Mann verführt.« Immer wieder müssen Opfer sexueller Gewalt erfahren, dass der Missbrauch sie nicht nur tief im Inneren verletzt hat, sondern sie in den Augen anderer gleichzeitig auch entehrt. Aber wer kann es ertragen, im Freundes- oder Verwandtenkreis als entehrt zu gelten? Also schämen sie sich weiter und fühlen sich schuldig. Deshalb braucht es eine sehr lange Überzeugungsarbeit und immer wieder die Bestätigung: »Egal, was geschehen ist, es war auf keinen Fall deine Schuld.«

Ich sehe meine Mutti leiden, ich habe sie schon mein ganzes Leben lang leiden sehen. Und jetzt komme ich noch mit so 'ner Scheiße. Ich wollte das doch nicht. (...) Sobald ich hier zu Hause bin, das Haus betrete, fühle ich mich schuldig, schuldig für das, was gewesen ist, schuldig für meine Erinnerungen, schuldig, dass ich meiner Mutti so weh tue.

Anne B. (Brief)

Das Fatale an diesem Schuldkomplex ist, dass er sich unkontrolliert fortentwickeln kann, so dass sich Betroffene sexueller Gewalt für jegliches Missgeschick in ihrer Umgebung verantwortlich fühlen und sich die Schuld daran geben.

Diese Schuldzuweisungen kenne ich aus eigener Erfahrung. Ich lebe in einer recht normalen Familie, in der nichts Spektakuläres passiert. Aber wenn irgendetwas in der Vergangenheit nicht richtig lief – mit den Kindern in der Schule, mit der Urlaubsvorbereitung oder anderen banalen Dingen des Alltags –, fühlte ich mich sofort schuldig. Wie oft habe ich mir darüber den Kopf zerbrochen, ohne es überhaupt zu merken! Und dann kamen die Kopfschmerzen – stechend, bohrend, hämmernd. Ich habe mir wortwörtlich den Kopf zerbrochen. Nicht nur ich, auch meine Ärzte glaubten, das sei nur eine Migräne. Erst durch die Therapie entdeckte ich die wahren Hintergründe. Inzwischen sind diese quälenden Kopfschmerzen vollkommen verschwunden.

Ähnlich war es mit der Verantwortung für viele alltägliche Dinge. »Entschuldigung, ich habe den Salzstreuer vergessen – Entschuldigung, ich habe das Auto ungünstig geparkt – Entschuldigung ... – Entschuldigung ... – Entschuldigung ...« Immer wieder Entschuldigungen für kleine Missgeschicke, für die ich mich verantwortlich machte! Mein Leben bestand früher aus einer Kette ständiger Schuldzuweisungen an mich selbst. Um dieses tief sitzende Schuldgefühl auszurotten, ist es notwendig, geduldig und intensiv daran zu arbeiten.

Man fühlt sich auch für das (Nicht-)Funktionieren von Beziehungen verantwortlich und übernimmt viel zu viel Verantwortung (→ Sündenbockrolle oder Opferlamm → Co-Abhängigkeit)

Eva (Brief)

Mir hat es geholfen, so oft wie möglich darüber zu reden und im Gespräch mit anderen immer wieder neu und anders formuliert ein »Nicht schuldig« zu hören. Wenn ich mich wieder einmal für irgendein Ärgernis verantwortlich fühlte, habe ich diese Gedanken bewusst meinem Mann mitgeteilt. Er konnte sie dann gerade rücken, und ich fand mit der Zeit zu einer selbstbewussteren Denkweise.

Depression

Immer wieder vergesse ich, dass alles gut werden kann. Alles wird gut werden, das wird es doch. Immer wieder vergesse ich es, immer wieder passiert es, immer wieder weine ich, weine und weine, Stunde um Stunde, manchmal bei meinem Mann, manchmal bei Stefanie, meistens allein. [...]

Leben. Alltag leben. Sein und Lachen. Ich lache so gern. Ich will es nicht verlieren, Lachen. Ich brauche dieses Lachen.

Anke (Brief)

Durch klinische Untersuchungen wurde nachgewiesen, dass ein Zusammenhang zwischen sexueller Gewalt in der Kindheit und Depressionen im Erwachsenenalter besteht.[10]

Es ist erschreckend sich zu vergegenwärtigen, wie hilflos und einsam Kinder während des Missbrauchsgeschehens sind. Niemand merkt etwas. Man sieht ja auch selten körperliche Male wie z. B. blaue Flecke. Und in der Isolation, die der Täter oder die Täterin aufgebaut hat, lässt sich kein Beistand holen. Aber auch ohne Isolation wagen die Opfer nicht, sich Hilfe zu suchen. Dann müssten sie ja reden und das Geheimnis preisgeben, für das sie sich so schämen. Aus dieser Hilflosigkeit entwickelt sich schließlich eine tiefe Hoffnungslosigkeit, die alle Aktivitäten lähmt.

Nach meiner persönlichen Einschätzung spielt das Unkontrollierbare der Situation dabei die entscheidende Rolle. Bestimmend ist das Gefühl der absoluten Ohnmacht und Hilflosigkeit, aus der es einfach keinen Ausweg zu geben scheint. Also bleibt nur die Möglichkeit, stumm zu ertragen, regungslos auszuharren, antriebslos dazusitzen, gelähmt vor sich hin zu brüten.

Im Internet fand ich folgende Beschreibung des allgemeinen Krankheitsbildes einer Depression: »Die Patienten berichten über verändertes Erleben. Gefühle der Hoffnungslosigkeit dominieren: Hilflosigkeit, innere Leere, Schuld und Angst, Verzweiflung und Trauer, aber auch die Unfähigkeit, überhaupt noch Gefühle empfinden zu können (›Ich bin wie versteinert‹). Negative Denkmuster herrschen vor. Depressiv Erkrankte entwickeln in vielen Fällen eine pessimistische Einstellung gegenüber sich selbst, den eigenen Fähigkeiten, dem eigenen Aussehen und der Zukunft, verbunden mit starker Grübelneigung. Permanente Selbstkritik, Konzentrationsprobleme und Suizidgedanken sind häufig.«[11]

Nach dieser Definition ist das, was sich in etlichen Fällen aus dem Kindheitstrauma der sexuellen Gewalt entwickelt, in der Tat eine Depression.

In depressiven Phasen habe ich mich oft zu irgendeiner Arbeit gezwungen, die mich ablenkte und körperlich forderte, manchmal waren es auch kreative Tätigkeiten wie Malen oder Klavier spielen. Das bewahrte mich davor, in völliger Leere vor mich hin zu brüten. Auch Freunde können hier helfen, indem sie die Betroffenen einfach zu Aktivitäten ›mitschleppen‹, sie in Gesprächen aufbauen und mit Lebensfreude auf sie einwirken. Hierbei handelt es sich natürlich nur um ein Überbrücken der Zeit. Nachhaltige Hilfe kann wohl nur von professioneller Seite kommen.

Selbstwahrnehmung, Selbstvertrauen, Selbstwertgefühl

Habe schon wieder an meiner eigenen Wahrnehmung gezweifelt, aber ich lerne jeden Tag. Meine Freundin hat mir sehr geholfen wieder zu lernen, die Nähe überhaupt zu ertragen.

Inge (Brief)

Durch den Missbrauch wurde etwas in mir ver-rückt. Wenn der Mensch, den ich liebte und dem ich vertraute, mir so weh tat, konnte das nur an mir liegen. Ich hörte auf, mir selbst zu vertrauen und glaubte meine Wahrnehmungen nicht mehr.

M. (Selbsthilfegruppe)

Kinder – und in gewissem Maß auch noch Jugendliche – sind für ein gesundes Heranwachsen vollkommen vom Schutz, von der Fürsorge und Liebe der Erwachsenen ihrer Umgebung abhängig. Darauf zu vertrauen ist ihr gutes Recht. Dennoch finden genau hier, im persönlichen Bereich, die weitaus meisten Missbrauchsfälle statt. Muss dann nicht ein Kinder- oder Jugendlichenleben vollkommen durcheinander geraten?

Auf jeden Fall führen die Grenzüberschreitungen wohl zu einer Art ›alles-oder-nichts‹-Haltung, weil man nicht mehr zwischen guten und schlechten Berührungen unterscheiden kann. Bei mir ist das ganze Wertesystem dadurch ins Schwimmen geraten.

Eva (Brief)

Was dem Missbrauch vorausging, wird im Allgemeinen durchaus als positiv und schön empfunden, weil es mit Zuwendung und Zärtlichkeit verbunden ist. Doch schon bald wirkt das sexualisierte Verhalten bedrohlich, Angst auslösend, mit Scham und Schuld besetzt. Dazu kommt noch, dass es sich bei den Tätern zumeist um eine geliebte Vertrauensperson handelt, die in anderen Situationen sogar wirklich liebevoll sein kann. So wird die Lage immer undurchschaubarer. Die anderen Erwachsenen merken nichts. Die Kinder oder Jugendlichen können nicht mehr entscheiden, ob es sich hier um eine normale Umarmung, Untersuchung, ein Spiel, ein ehrliches Kompliment, einen wirklich liebevollen Blick handelt. Also zweifelt das Opfer immer mehr an den eigenen Gefühlen, bis es sich schließlich selbst nicht mehr glaubt. In dieser Situation scheint ein Abschalten der Selbstwahrnehmung das kleinere Übel zu sein. Damit wird das Selbstvertrauen entscheidend gestört. Doch ohne Selbstvertrauen kann kein Selbstwertgefühl wachsen. Und wie schwer fällt es, damit später einmal normale Beziehungen oder wirkliche Freundschaften aufzubauen!

Tauchen dann aber unvermutet einmal Gefühle wie Glück oder Freude auf, wird die Verunsicherung groß. Besser sie nicht nach außen hin zeigen! Meine Großmutter sagte einmal nach der Weihnachtsbescherung zu mir: »Es macht gar keinen Spaß, dir etwas zu schenken, du freust dich gar nicht darüber.« Dieser Satz ist mir deshalb bis heute in Erinnerung geblieben, weil er mich so tief getroffen hat. Die Cousinen und Vettern tobten fröhlich mit ihren neuen Spielsachen durch die großelterliche Wohnung. Ich aber stand ernst und ruhig daneben. Eigentlich freute ich mich über das Geschenk – drei bunte Gummibälle, ein wahrer Schatz in der damaligen Nachkriegszeit. Doch mir fehlte einfach die Fähigkeit, diese Freude zu zeigen.

Aber wie schaltet man den richtigen Umgang mit Gefühlen, mit dem eigenen Fühlen später wieder an? Einen Schaltknopf gibt es leider nicht. Auch hier ist wieder Geduld gefordert. Wenn man zielstrebig und bewusst die Verarbeitung der eigenen Missbrauchsgeschichte betreibt, kann sich auch in diesem Bereich nach und nach das positive Fühlen wieder einstellen – das ist zumindest meine eigene Erfahrung. In meinem Tagebuch schrieb ich dazu nach dreijähriger Therapie folgendes: »Jegliche Berührungen auf meiner Haut habe ich als wunderschön empfunden. Damit meine ich keine menschlichen Berührungen, sondern z. B. das kühle Wasser beim Schwimmen, den frischen Wind beim Fahrradfahren oder die wärmende Sonne auf meinem Bauch. Früher bemerkte ich das nie. Jetzt dachte ich: Wie herrlich, mein Körper fühlt, ich lebe!«

Und bei Berührungen durch andere Menschen? Lange beherrscht das alte Reaktionsmuster des Abschaltens den Körper – abschalten und an etwas anderes denken. Damals war es gut und sinnvoll. Doch irgendwann kommt die Zeit, in der junge Menschen liebevolle Partnerschaften eingehen möchten. Dann wirkt diese alte Verhaltensweise, die Gefühle nicht zulassen zu können, nur hinderlich. Doch sie lässt sich nicht einfach über Bord werfen. Wie geht man mit wirklicher Liebe um, mit ehrlich gemeinter Nähe und Zärtlichkeit?

Der früher einmal sinnvolle Abschaltmechanismus lässt sich heute nicht so leicht wieder umprogrammieren. Wie oft war ich verzweifelt, wenn ich aus liebevollen Situationen einfach gedanklich ›wegging‹ oder wieder einmal die Männer von früher auftauchten und mir Phantasien suggerierten, die ich gar nicht wollte! Ich habe mich mit großer Energie bemüht, gedanklich dagegen anzukämpfen. Aber wahrscheinlich ist ein erotisches oder sexuelles Körpergefühl nicht über den Verstand zu regeln. Als mein Therapeut mir damals sagte: »Sie müssen mehr Geduld mit sich haben; auch das wird sich noch ändern«, glaubte ich ihm nicht. Doch im Nachhinein muss ich sagen, er hatte recht. Das ›Wieder-Einschalten‹ des Körpers ist zwar ein langwieriger Prozess, er geschieht aber nach und nach von selbst, parallel zu dem übrigen Bemühen um Heilung.

Ich versuche, den Missbrauch zu verarbeiten, das Nähe- und Distanzproblem mit meinem Freund auf die Reihe zu bekommen.

Carola (Brief)

Und dann ist sie fassungslos, versteht sich selbst nicht,
glaubt sich nicht, schottet sich wieder ab – aus Angst vor
dem Fall, dem unaufhaltbaren, dem schmerzenden.
Gästebuch (Ausstellung Höchstadt)

Nicht nur die Gefühlswelt des Kindes wurde vollkommen
›ver-rückt‹. Der gesamte junge Mensch ist in seiner Welt und
seinem Wertesystem derart verunsichert worden, dass jegliches Vertrauen in eigene Stärken, in die eigene Urteilskraft
verloren ging. Auch später als Erwachsene trauen sich viele
Opfer keine eigene Meinung zu oder glauben, ungewöhnlich
viel arbeiten zu müssen, um auch nur annähernd irgendetwas
leisten zu können. Selbstwertgefühl ist kaum noch vorhanden.

Während der Therapie kann es sogar zu einer Phase kommen, in der man glaubt, überhaupt nichts mehr zu schaffen.
Ich sagte damals: »Klo putzen ist das Einzige, was ich noch
kann.« Dann habe ich Schnittmuster und Stoff besorgt und
mir zwei Röcke genäht – nur um mir zu beweisen, dass ich
doch noch irgendetwas kann. Damit erhielt ich gleichzeitig
bewundernde Anerkennung aus meiner Umgebung. So arbei-
tete ich mit ziemlicher Energie langsam daran, wieder Selbstachtung und Selbstwertgefühl zu gewinnen.

Selbstzerstörerisches Verhalten

Kinder und Jugendliche finden eigene Strategien, den Missbrauch zu überleben. Sie verdrängen oder flüchten in Schein-
welten. Dennoch empfinden sie das Geschehen deutlich als
Angriff auf die eigene Persönlichkeit.

Auch die Regulierung völlig normaler emotionaler Zu-
stände von Liebe, Freude, Wut oder Traurigkeit wird durch
das Trauma der sexuellen Gewalt bestimmt und in Frage
gestellt. Also muss es in den Kindern zwangsläufig zu einem

undurchschaubaren Durcheinander von Unbehagen, Angst, chronischer Verstimmung, Panik, Wut und Verzweiflung kommen. Hinzu kommt der Druck, das Geschehene geheim halten zu müssen. So entsteht für die Opfer eine scheinbar ausweglose Situation. Manche Kinder und Jugendliche stellen dann fest, aus dem unbeschreiblichen Gefühlsdurcheinander entfliehen zu können, indem sie sich einen plötzlichen heftigen Schmerz zufügen. Das ist wie ein Erwachen in einer neuen Welt.

Haben Kinder oder Jugendliche aber einmal erfahren, dass sie sich auf diese Weise von schlimmen Gefühlen befreien können, setzen sie diesen Mechanismus automatisch immer wieder in Gang, auch wenn die Missbrauchssituation längst vorüber ist. Studien belegen, dass in der Tat ein Zusammenhang zwischen Missbrauchserfahrungen in der Kindheit und einem späteren selbstzerstörerischen Verhalten besteht.[12] Dabei entwickeln die verschiedenen Menschen auch unterschiedliche Formen der Selbstaggression.

Ritzen

Heute ist es wieder soweit, und ich weiß nicht, warum. Der Stein liegt da und zieht mich mit seinem Gewicht nach unten. Über der Brust brennt es. Dort möchte ich immer nur kratzen, ritzen, verletzen.

Helen (Brief)

Vor allem junge Leute verletzen sich selbst mit einem Messer, einer Rasierklinge, einer Nadel oder den eigenen Fingernägeln. Sie sind besonders heftig von dem immer wieder aufflammenden, undurchschaubaren Gefühlsdurcheinander betroffen. Durch Ritzen, Schnippeln und den Anblick des Blutes breitet sich in ihnen plötzlich ein Gefühl der Ruhe und Erleichterung aus. Die Enge, in der alle Gefühle durcheinander und gefangen waren, wird plötzlich zur ersehnten ruhigen

Weite, so als stünde die Welt still. Für einen kurzen Moment tritt die lange gesuchte Zufriedenheit ein.

Gleichzeitig handelt es sich hier um den Versuch, für sich selbst – nicht für andere – die innere seelische Verletzung sichtbar und damit glaubhaft zu machen. Tief im Innern tut etwas weh. Wenn man sich nach außen sozusagen eine Ersatzverletzung schafft, gibt es endlich einen Grund für diese Schmerzen.

Für manche ist das Blut, das dabei (vielleicht) fließt, wie die Tränen, die sie nicht weinen können.

Eva (Brief)

Bei den Selbstverletzungen handelt es sich selten um Suizidversuche. Opfer sexueller Gewalt sehen darin, dass sie sich selbst Verletzungen zufügen, häufig die einzige Möglichkeit, ihren seelischen Schmerz auszuhalten. Also ist dieses Verhalten für sie paradoxerweise ein Weg der Selbsterhaltung.

Es geht auch nicht darum, die Aufmerksamkeit oder das Mitleid anderer zu erregen. Im Gegenteil, die jungen Menschen schämen sich oft und versuchen ihre Wunden zu verstecken. Dennoch handelt es sich um einen Hilfeschrei, denn sie sind hin- und hergerissen zwischen den Extremen »Bitte, bitte sieh doch meine Not!« und »Niemand soll es sehen, ich schäme mich so sehr«.

Das Entdecken von Strategien, für die innere Not Hilfen zu finden, entwickelt sich bei Missbrauchsopfern früh – eine Stärke, auf die sie noch als Erwachsene aufbauen können. Also findet die eigene Fantasie auch später Möglichkeiten, durcheinander geratene Gefühle und Gedanken jedenfalls zeitweise zu beherrschen. Dabei erkennen einige, dass sie ihren emotionalen Zustand zumindest für eine Weile aufhellen können. Neben den hier genannten Verhaltensweisen gehen sie z. B. zwanghaft Risiken ein, setzen sich Gefahren, freiwilligen Krisen oder extremen Erregungszuständen aus.

*Immer und immer wieder kratze ich mir Arme und Beine
kaputt, zur Zeit ist es mit dem Essen auch so beschissen.
Entweder ich esse gar nichts, oder ich fresse bis zum
›Umfallen‹ und renne hinterher aufs Klo. Ich will das ja
gar nicht, aber ich kann nichts dagegen tun.*

Anne B. (Brief)

Zu dem extremen Gefühlsdurcheinander, das nicht zu durchschauen und nicht in eine Ordnung zu bringen ist, kommt die
Grunderfahrung hinzu: »So sehr ich mich auch anstrenge, der
Missbraucher bestimmt immer wieder über meinen Körper.«
Wenn dann die Missbrauchssituation vorbei ist, versuchen
etliche Opfer, die Kontrolle über sich selbst dadurch wieder-
zugewinnen, dass sie mit ihrem Kopf das Gefühl des Hungers
besiegen und bewusst darüber bestimmen, was in ihren Körper hineinkommen soll und was nicht. Es ist ein erhebendes
Gefühl, endlich selbst über den eigenen Körper zu bestimmen, z. B. durch das Einnehmen von Abführmitteln, durch
Erbrechen oder durch ein Verweigern der Nahrung.

Wie sollten sie auch nach der früheren Gewalterfahrung
für sich die Überzeugung gewinnen, dass der Körper mit seinen Gefühlen und Bedürfnissen ernst genommen werden
darf! Darüber hat einmal ein anderer bestimmt. »Jetzt endlich bin ich in der Lage, mit meinem eigenen Kopf selbst zu
bestimmen. Eine herrliche Befreiung!« Aber dass es sich dabei
um eine Selbstvergewaltigung und Schädigung des eigenen
Körpers handelt, kann gar nicht gesehen werden, weil die
Erlösung von der Fremdbestimmung zu sehr im Vordergrund
steht.

Ich bin traurig, nicht depressiv, nein, verzweifelt. Verzweifelt, weil ich nicht leben kann, nicht verzweifelt, weil ich nicht leben will. Ich weiß nicht mehr, wie es gehen soll. Ich will leben.

Aber da draußen ist es hell und dann wird es wieder dunkel, Nacht, und dann dauert es ganz lange und dann ist wieder Morgen und Tag und schon wieder hell, immer so weiter. Aber das reicht mir nicht mehr. Dafür halte ich nicht durch, das ist zu wenig, mir zu wenig. Durchhalten reicht nicht. Wissen Sie, was ich meine?

Anke (Brief)

Dieser Brief gibt deutlich die Zerrissenheit vieler betroffener Menschen wieder – eine Zerrissenheit zwischen *endlich leben wollen* und *doch nicht leben können*. Sich wirklich selbst das Leben nehmen will kaum ein Opfer, doch manche sehen keinen anderen Ausweg.

»Fast zwei Drittel der sexuell mißbrauchten und körperlich mißhandelten Frauen und fast die Hälfte dieser Männer aus der Hamburger Studie gaben an, Probleme mit Selbstmordgedanken zu haben. In der Regel handelt es sich dabei um ein stilles Leiden, von dem kaum jemand etwas erfährt.«[13]

Was wie eine rein sachliche Abhandlung klingt, ist dennoch mit so viel Verzweiflung und Ratlosigkeit verbunden. Wie oft habe ich von anderen nach dem Ritzen, einer längeren Zeit der Essensverweigerung oder einem Suizidversuch Äußerungen gehört wie: »Ich hasse mich dafür!«

Als Folge sexueller Gewalt entstehen vielfach Verhaltensänderungen. Sie sind den meisten Opfern nicht als solche bewusst, sondern werden von ihnen als scheinbar normal angesehen. Bei selbstzerstörerischem Verhalten dagegen sieht es anders aus. Häufig ist den Betroffenen – wenn auch in unterschiedlicher Ausprägung – durchaus bewusst, dass es sich hier um einen Angriff auf das eigene Leben handelt.

Auch wenn sie diesen Angriff aus ihrer Verzweiflung heraus für einen kurzen Augenblick tatsächlich wollen, schämen sie sich doch sehr bald und möchten es anderen gegenüber nicht zugeben. Obwohl Betroffene eine Selbstzerstörung in letzter Konsequenz nicht beabsichtigen, können sie sich doch nicht dagegen wehren. Oft genug sind sie anschließend von sich selbst enttäuscht, ja schämen sich sogar, diesen inneren Zwang wieder nicht besiegt zu haben.

Genauso verzweifelt und hilflos stehen Partnerinnen und Partner, geprägt von der Angst um die Unversehrtheit des Lebens, diesem selbstzerstörerischen Verhalten gegenüber. Trotz aller Liebe kommt kein Hilfsangebot an. Möglicherweise können sie aber die Einsicht vermitteln, dass professionelle Hilfe durch eine Therapie in Anspruch genommen werden sollte. Allerdings hat es keinen Sinn, Betroffene mit Druck dazu zu zwingen. Nach der in der Kindheit oder Jugend erlebten Manipulation ist es wichtig, selbstständig dahin zu kommen.

Ich kann mich noch gut an diese Zeit erinnern, in der ich mich in der Therapie vollkommen gefangen fühlte. Wie abartig und nutzlos kam ich mir damals vor! Glaubte ich doch, allen Menschen meiner Umgebung nur zur Last zu fallen. Da spielte ich mit dem Gedanken: »Jetzt mit dem Fahrrad auf die belebte Kreuzung fahren wäre die Erlösung.« Aber die wirkliche Lösung brachte meine Freundin Beate, indem sie mir klar machte: »Es ist doch gar nicht sicher, wie das ausgeht. Stell dir vor, du bist anschließend schwer verletzt oder gar behindert und musst von denen, die dich lieben, im Rollstuhl geschoben werden. Wie sieht es dann mit deiner Angst aus, anderen zur Last zu fallen?« Immer wenn ich an der Kreuzung stand, kamen mir Ihre Worte in den Sinn. Diejenigen, die mich lieben, wären sicher bereit, mich im Rollstuhl zu fahren – natürlich. Aber ich würde ihnen noch weit mehr zur Last fallen als jetzt. Eine schreckliche Vorstellung! Wirklich, diese kurze Erklärung war für mich die Befreiung aus meinen abstrusen Gedanken.

Suchtgefährdung

Auch wenn die meisten Betroffenen eigene Strategien finden, mit dem Missbrauch umzugehen, bedeutet das für sie nicht, das Gewaltgeschehen in ein normales Leben integrieren zu können. Zunächst versuchen sie, so wenig wie möglich von den widerwärtigen Handlungen ins Bewusstsein dringen zu lassen, die eigenen Gefühle abzuschalten. Außer dem üblichen Schweigegebot, das der Täter oder die Täterin erwirkt, kommt für das Opfer hinzu, dass es auch von möglichst allen anderen Menschen isoliert wird. Selbst wenn der Umwelt gegenüber der Schein gewahrt bleibt, ist den Kindern oder Jugendlichen jegliche Möglichkeit genommen, eine Beziehung nach außen aufzubauen, die ihnen Schutz und Hilfe bieten könnte. Dieses Alleingelassensein empfinden die Opfer häufig als genauso schlimm wie den Missbrauch selbst. Also müssen sie irgendeine Möglichkeit finden, sich selbst zu trösten.

Was machen viele Erwachsene in einer solchen Situation? Ihre Gefühle und Gedanken sind nicht zu ertragen und ihre zwischenmenschlichen Beziehungen extrem gestört. So versuchen sie, sich durch *Alkohol* oder andere Drogen in eine erträglichere Welt zu flüchten. Kinder und Jugendliche, die in ihrer Familie täglichen Alkoholkonsum erleben, geraten leicht in die Versuchung, das Gleiche zu probieren. Spätestens als junge Erwachsene machen dann fast alle eigene Erfahrungen mit dem ›Stimmungsaufheller‹ Alkohol. Einige sehen darin die Erlösung und trinken weiter, bis es zur Sucht wird.

Medikamentenmissbrauch bewirkt ähnliches. Wichtig ist es, sich die real existierende Abhängigkeit – egal ob von Alkohol, von Medikamenten oder anderen Drogen – bewusst zu machen: Sie kann mit dem täglichen Gebrauch von Schlafmitteln oder mit dem Abtöten jeder kleinen Unpässlichkeit durch Schmerzmittel beginnen. Eine Gefahr entsteht eventuell auch dann, wenn ein Arzt in Unkenntnis der Lage die Folgeerscheinungen des Missbrauchs wie Angst, Depression oder andere psychische Störungen mit Tabletten behandelt. Wenn die Betroffenen spüren, dass sie damit leicht all das Schreckliche in sich überdecken können, werden sie weiter nach Medikamenten greifen und geraten schnell in eine Abhängigkeit.

Von *Drogensucht* sind besonders Jugendliche betroffen. Sie versuchen aus der Missbrauchssituation zu fliehen, indem sie von zu Hause weglaufen. Oft suchen sie in der Zugehörigkeit zu einer Gruppe die ersehnte Geborgenheit. Dabei geraten sie leicht in die Fänge von Drogenabhängigen oder Dealern. Was dann zunächst nur als jugendlich neugieriges Ausprobieren beginnt, wird schnell zur Drogensucht.

Andere Betroffene tappen erst im späteren Verlauf ihres Lebens in diese Suchtfalle hinein. Auch jetzt sind es die gleichen Symptome, die schließlich den Leidensdruck unerträglich erscheinen lassen: zum einen die körperlichen und seelischen Schmerzen und zum anderen die gestörten zwischenmenschlichen Beziehungen. Obwohl die Missbrauchszeit längst vorüber ist, wirkt das traumatische Geschehen weiter. Sowohl Körper als auch Psyche vergessen nichts, selbst wenn das Erlebte aus dem Bewusstsein verdrängt wurde. Dann scheint für manche Menschen ein solches Leben nur noch mit Drogen erträglich zu sein.

Man nimmt an, dass etwa 80% aller drogensüchtigen Frauen als Kinder oder Jugendliche sexuelle Gewalt erlebten.[14] Für andere Suchtformen existieren noch keine aussagekräftigen Untersuchungen.

»*Ich war elf Jahre alt, als ich das erste Mal entdeckte, dass Drogen diese furchtbare Welt um mich herum verschwinden lassen konnten. Ich begann Klebstoff zu schnüffeln, um aus meinem Leid herauszukommen, und es funktionierte. Drogen wurden meine großen Fluchthelfer, es gab nichts, was ich nicht ausprobiert hätte, um high zu sein. Ich wußte nie, wie ich mich fühlen würde, wenn ich mit unterschiedlichen Menschen zu tun hatte – aber unter Drogen konnte ich sein, was immer ich wollte. Ich konnte mir meine eigene Realität zurechtmachen: Ich konnte schön sein, eine tolle Familie haben, einen netten Vater, eine starke Mutter – und glücklich sein.«*[15]

In diesen Bereich gehören auch die nicht-stoffgebundenen Süchte wie Arbeitssucht, Spielsucht oder die unterschiedlichen Formen der Essstörungen. Verschiedene Untersuchungen belegen, dass 23 bis 30% der essgestörten Patientinnen – hier sind es in der Hauptsache Frauen – Opfer sexueller Gewalt sind.[16]

Die *Esssucht*[17] fällt zunächst in der Gesellschaft nicht auf, weil das Essverhalten nach außen normal erscheint. Sind diese Menschen allerdings allein, überkommt sie die Sucht anfallartig. Sie essen, bis ihnen übel wird.

Auch die *Ess-Brechsucht (Bulimie)* findet heimlich statt. Das Gegessene wird erbrochen, bevor die Verdauung einsetzt. So kommt es zu keiner Gewichtszunahme.

Bei der *Magersucht (Anorexie)* stellt sich der Körper auf die dauerhafte Reduzierung der Nahrungszufuhr ein. Er reagiert wie bei einer Hungersnot. Zunächst werden die eigenen Reserven verbraucht, bis der Mensch schließlich mehr und mehr abmagert. Inzwischen hat sich aber die Selbstwahrnehmung so sehr verändert, dass diese Menschen sich trotz allem noch immer als zu dick empfinden.

Allen Essstörungen ist gemeinsam, dass die Betroffenen schließlich kein normales Gefühl mehr für die Mitteilungen ihres Körpers empfinden, der ihnen etwa die Signale ›hungrig‹ oder ›satt‹ sendet.

Dieser bewusst kurz gehaltene, rein sachliche Abriss über mögliche Suchtgefährdungen mag für Betroffene, ihre Helferinnen und Helfer deprimierend wirken und ihnen ein Gefühl des absoluten Ausgeliefertseins vermitteln. Doch darüber Bescheid zu wissen kann den ersten Ansatzpunkt für eine Änderung bedeuten. Dabei ist es wichtig, sich selbst bzw. der Partnerin oder dem Partner die Sachlage offen einzugestehen, ohne etwas zu beschönigen oder zu vertuschen. So kann ein Bewusstsein für die Gefahr und die damit verbundenen Mechanismen entstehen. Dann ist es zwar für Betroffene gut und wichtig, sich auf bestehende feste Beziehungen stützen zu können, aber gleichzeitig halte ich es für unerlässlich, professionelle Hilfe durch eine Psychotherapie zu suchen.

IV. Mögliche Folgen für zwischen-menschliche Beziehungen

> Nur so entwickelt sich die Kraft, aus der Ohnmacht
> herauszukommen und aktiv zu werden und etwas ge-
> gen diese maßlosen Verletzungen zu tun, nicht nur
> gegen die eigenen, sondern auch gegen die anderer.
>
> Beate (Brief)

Jedes Missbrauchsgeschehen läuft anders ab und jedes Kind,
jede Jugendliche reagiert anders darauf. So können daraus
verschiedene Folgen in unterschiedlicher Ausprägung entstehen. Das möchte ich am Beispiel des *Grenzverlustes* er-
läutern. Darunter versteht man die Unfähigkeit, sich gegenüber anderen Menschen abzugrenzen, die eigene Identität in
klaren Grenzen zu sehen. Bei einigen Menschen äußert sich
dieser Grenzverlust so, dass sie für sich sehr starre, äußerst
eng gefasste Grenzen setzen. Sie ziehen sich zurück und
wagen es nicht, sich auf nähere Freundschaften einzulassen.
Andere tendieren aber auch zum genauen Gegenteil. Diese
Menschen kennen überhaupt keine Grenzen mehr, weder
für sich noch für andere. Sie versuchen immer wieder, anderen nahe zu kommen, ohne dass es für die Nähe, die sie
herstellen wollen, eine Grundlage, einen Anlass gibt. Das ist
für andere oft unangenehm.

Es ist sowohl das eine als auch das andere Extrem möglich.
Das drückt die Schreiberin des folgenden Zitates sehr treffend
aus.

Ich glaube, man kann grundsätzlich sagen, dass Miss-
brauchsopfer auf eine extreme Erfahrung extrem rea-
gieren, wobei sie sich für einen der beiden Pole eines
Verhaltens entscheiden. Die Mitte geht verloren.

Eva (Brief)

Angst vor Kontrollverlust

... habe ich mich in einer tiefen bedingungslosen Liebe
einem Menschen hingegeben und ausgeliefert, der das für
seine eigenen Interessen ausgenutzt hat. Hätte ich mich
wehren können, wäre manches anders gelaufen.

Eva (Brief)

Durch die sexuelle Gewalt gerät das Leben von Kindern und
Jugendlichen vollkommen außer Kontrolle. Sie fühlen sich
wehrlos und hilflos den Erwachsenen ausgesetzt. Unter un-
günstigen Umständen fördert das Machtgefälle zwischen Erwachsenen und Kindern diese Hilflosigkeit, die sie zu bevor-
zugten Sexualobjekten von missbrauchenden Erwachsenen
werden lässt.

So macht das missbrauchte Kind die Erfahrung: Alle
Versuche, sich dem zu widersetzen, nützen nichts. Das
Sich-Wehren beginnt schon bei kleinen Kindern, z. B.
durch körperliches Zurückziehen, Bitten, Flehen, Schreien,
Weinen usw. Später versuchen die Opfer, durch Planung
und Kontrolle ihres Tagesablaufs weitere Missbrauchssitu-
ationen zu vermeiden (nach der Schule nicht nach Hause
kommen, mit vielen Hosen und Pullovern bekleidet ins
Bett gehen, das Badezimmer abschließen ...) Aber all das
hilft nicht. Immer wieder müssen sie erleben, dass sie ihren
Alltag nicht unter Kontrolle haben. Diese Ohnmacht wird
durch den Zwang zur Geheimhaltung noch verstärkt, denn

die Täter schaffen es, ihre Opfer dazu zu bringen, nichts zu verraten.

So entsteht in den Kindern und Jugendlichen das Gefühl: *Ich kann nicht selbst über mich bestimmen.* Die tägliche Erfahrung scheint ihnen zu zeigen, dass sie kein Recht auf ihren Körper und auf ihre Gefühle haben – auch nicht darauf, zu entscheiden, ob sie jemanden ablehnen oder mit Zuwendung reagieren dürfen. Wenn Täter oder Täterinnen aus der eigenen Familie stammen, haben sie die Möglichkeit, den Alltag des Opfers vollkommen zu bestimmen. Also lernen die Kinder und Jugendlichen kaum, in die Verantwortung für ihr Leben hineinzuwachsen und diese Verantwortung dann in der Realität zu erproben.

Es gab eine Situation in meinem Leben, da hatte ich nicht mehr alles unter Kontrolle. Und das hatte zur Folge, der Missbraucher kam immer wieder – er brachte mich aus der Kontrolle. Daraus resultiert noch heute die Angst, die Kontrolle zu verlieren – auch in der Sexualität, obwohl es doch schön wäre, sich einfach nur fallen zu lassen.

Annette (Brief)

Diese Grunderfahrung, in keinem Bereich ein Recht auf Selbstbestimmung zu haben, nehmen Betroffene mit in ihr Erwachsenenleben hinein. Es prägt ihren Alltag. Einige Menschen übernehmen auch später nie eigenverantwortlich die Selbstkontrolle. »Jedes Planen und Kontrollieren ist doch zwecklos!« Also lassen sie sich weiterhin bestimmen und bleiben damit willfährige Opfer.

Bei anderen schlägt es ins Gegenteil um. Sie versuchen ihre Selbstbestimmung durch absolute Kontrolle zurückzugewinnen. Dazu arbeiten sie z. B. übermäßig viel, lernen in der Schule wie besessen und planen ihren Alltag bis ins Detail vor. Die Angst vor Kontrollverlust kann schließlich zu krankhaftem Perfektionismus führen. Nur so glauben einige, nicht wieder irgendwo die Kontrolle zu verlieren. Spontaneität wird damit ausgeschaltet. Schon bei kleinen Eingriffen in die

Selbstbestimmung kommt es dann manchmal zu heftigen Überreaktionen. Für Außenstehende ist ein solches Verhalten oft nicht nachvollziehbar.

Von solchen Überreaktionen könnte ich zur Genüge berichten. So hat z. B. niemand eine Chance, mir an der Haustür Zeitschriften, Postkarten oder Bürsten zu verkaufen. Sofort habe ich den Eindruck, er wolle mich manipulieren und mein Denken so weit bestimmen, dass ich etwas kaufe, das ich gar nicht will. Oft habe ich in einer solchen Situation unangemessen laut reagiert und diese Menschen regelrecht beleidigt.

Die Befürchtung, manipuliert zu werden, also die Kontrolle über mich zu verlieren, führt manchmal zu vollkommen wirren Gedankengängen. Beispielsweise bestellt mich ein Arzt zu einer Blutabnahme, um seine Diagnose zu festigen. Sofort schießt es mir durch den Kopf, er wolle mich mit dem Ergebnis der Blutuntersuchung, das ich selbst ja nicht beurteilen kann, abhängig machen, damit ich ständig zu ihm gehen muss und dadurch erst richtig krank werde.

Mit dieser Haltung fällt es mir immer wieder schwer, Hilfen anzunehmen. Der erste Gedanke ist dabei oft, hier schiebe jemand das Helfen nur vor, um mich in Wirklichkeit zu manipulieren. Inzwischen frage ich in solchen Alltagssituationen oft meinen Mann und lasse mir von ihm die Situation richtig stellen. Wenn ich das 50 Mal gemacht habe, kann ich vielleicht beim 51. Mal ohne Angst vor Manipulation an eine solche Situation herangehen.

Ähnliches steckt auch hinter vielen Vermeidungsstrategien: Besser keine nähere Beziehung zu anderen Menschen eingehen – besser sich nicht von Gefühlen überrollen lassen – besser nicht im Dunkeln einschlafen – besser den Körper bei einer Entspannungsübung nicht vollkommen loslassen ... Sonst geht ja die Kontrolle verloren. Wie sollen die Opfer auch das richtige Maß für Selbstbestimmung und Kontrolle kennen, wenn sie es doch als Kinder nie gelernt haben?

Auch Phobien können diese Ursache haben. Wenn z. B. eine Frau ständig kontrolliert, ob alle Türen und Fenster geschlossen sind, ob der Herd abgestellt ist und der Wasserhahn, wird sie von ihrem zwanghaften Verhalten immer wieder neu dazu angetrieben. Doch für sie ist es ein scheinbarer Schutz. So glaubt sie, alles unter Kontrolle zu haben.

Grenzen

Wenn Kindern und Jugendlichen jegliches Recht auf Selbstbestimmung genommen wird, haben sie keine Möglichkeit mehr, ihre Grenzen zu wahren. Sie können nicht mehr darüber bestimmen, wer ihren Körper berührt und wie. Dieses Thema hat mir mein Therapeut einmal so erklärt: »Der Mann damals ist in Sie eingedrungen und hat damit Ihre natürliche Grenze überschritten. Die Haut ist die natürliche Grenze eines Menschen. Damit wurde Ihre Menschenwürde angegriffen. Wenn jemand so tief verletzend in einen anderen eindringt, ist damit eine ganz wichtige Grenze zerstört. Dieser Mensch schafft es jetzt nicht mehr, seine Grenzen zu setzen, ›nein‹ zu sagen.«

Diese Grunderfahrung nehmen Kinder und Jugendliche mit in ihr Erwachsenenleben hinein. Die Zerstörung ihrer natürlichen Grenze prägt sie weiterhin. Viele schaffen es auch später nicht, sich selbst zu schützen. Sie können nicht ›nein‹ sagen und glauben immer, auf andere Rücksicht nehmen zu müssen. Bei Frauen kommt verstärkend ihre Rollenerziehung hinzu: gefällig sein, sozial denken und vorrangig die Bedürfnisse anderer sehen.

Da die natürliche Grenze als Folge des Missbrauchs nicht mehr vorhanden ist, bauen sich viele Opfer künstliche, sehr enge Grenzen auf. Sie lassen niemanden mehr näher zu sich vordringen. Erst mit dem bewussten Verarbeiten ihrer Geschichte schaffen sie es, diese künstliche ›Mauer‹ aufzubrechen und damit den Weg zur Heilung zu öffnen.

Ich baute eine Mauer um mich und ließ niemanden an mich heran. Langsam bröckelt die Mauer, aber es tut weh.

Marion (Brief)

Man meint, glücklich zu sein in seiner Momentanwelt, abgeschirmt durch viele Schutzschilde, welche man selbst aufgestellt hat, um nichts herankommen zu lassen.

Gästebuch (Ausstellung Eisenhüttenstadt)

Auch hier kann sich das andere Extrem entwickeln. Es gibt Opfer, die überhaupt keine Grenzen mehr sehen und anderen sowohl körperlich als auch psychisch zu nahe kommen. Ihr Verhalten erscheint oft distanzlos, weil sie vertrauensselig und unangemessen intim auch auf fremde Menschen zugehen. Die Grenzverletzung, die sie früher erfahren haben, wird jetzt auf den Umgang mit anderen übertragen. Man weiß z.B., dass viele der Täter und Täterinnen früher selbst Missbrauchsopfer waren.

Bei fast allen Betroffenen sexueller Gewalt kommt es zu einer Unsicherheit im Umgang mit Grenzen – zu einem Umherirren zwischen dem Wunsch nach Kontakt, Beziehung, Nähe und dem Rückzug daraus. Weil das Urvertrauen damals schwer beschädigt wurde und Scham-, Schuld- und Minderwertigkeitsgefühle entstanden, folgt daraus einerseits eine beklemmende Angst vor engen Bindungen. Andererseits ist tief im Innern der Wunsch vorhanden, endlich schützende Zuneigung und gleichzeitig die Anerkennung der eigenen Person zu finden. So schwanken Opfer sexueller Gewalt häufig zwischen Abschottung und ängstlichem Anklammern.

Ich möchte dieses vollkommen orientierungslose Umherirren als Hilferuf übersetzen: »Bitte hilf du mir, die richtige Grenze zwischen dir und mir zu finden!« Das bedeutet aber gleichzeitig für die helfende Partnerin oder den Partner, die eigenen Grenzen sicher zu kennen und diese auch einzuhalten.

Vertrauen

Vertrauen gab es bei mir nicht. Wie konnte ich anderen vertrauen, wenn ich mir selbst nicht vertraute. Ich versteckte mich hinter meiner Maske, ich lebe nicht mein Leben, ich spiele es. Es war meine zweite Haut, die ich zum Überleben brauchte.

Marion (Brief)

Jeder Mensch braucht jemanden, dem er vertrauen kann. Wenn dieses Vertrauen missbraucht wird, ist es keins mehr.

Gästebuch (Ausstellung Weiden)

In über 90% aller Fälle handelt es sich bei den Missbrauchern um Personen aus dem nahen Umfeld des Kindes, um Menschen, die das Kind liebt und denen es vertraut. Nun muss es erfahren, wie all das Schöne, die bisher gültigen Wertvorstellungen, die auch im guten Sinn vertraulichen Situationen ausgenutzt und mit Füßen getreten werden. Nach solchen Erfahrungen ist es schwer, jemals wieder Vertrauen in andere Menschen zu entwickeln. Die Kinder und Jugendlichen ziehen sich immer mehr zurück, entfernen sich von Geschwistern, Freunden, Nachbarn, Lehrern und verstärken damit die Isolation, die der Täter oder die Täterin ohnehin schon aufgebaut hat – ein Teufelskreis.

»Traue besser keinem Menschen – besonders nicht, wenn er oder sie sich freundlich gibt. Allerhöchste Alarmstufe bei liebevollem Verhalten!« Diese kindliche Grunderfahrung besetzt das Unterbewusstsein ausgesprochen stark. Noch im Erwachsenenalter läuten oft geradezu die Alarmglocken, wenn ein anderer Mensch sich freundlich gibt. Wie ein Reflex kommt die alte Vorstellung hoch, dahinter stecke die Absicht, auszunutzen, zu manipulieren, zu bestimmen. Auch wenn ihnen diese Zusammenhänge nicht bewusst sind, reagieren Betroffene oft abweisend.

Wie schon beschrieben, kann sich aber auch genau das andere Extrem herausbilden. Es gibt Missbrauchsopfer, die blind jedem anderen Menschen vertrauen – nur nicht sich selbst. Ein gesunder Mittelweg zwischen diesen beiden Extremen scheint nicht möglich zu sein.

Das macht es Partnern, Freundinnen und Freunden oft schwer, ein unbelastet gutes Verhältnis aufzubauen. Wie sollen sie z. B. Distanziertheit, vermeintlichen Egoismus oder sogar ein aggressives Verhalten akzeptieren? Auch Betroffene selbst leiden unter dieser Situation. Wie oft war ich traurig und verzweifelt, wenn ich merkte, wieder einmal ungerecht oder unsensibel reagiert zu haben. Dann war ein klärendes Gespräch das Beste. Oft fürchtete ich mich zunächst davor, könnte doch dabei herauskommen, dass man mich nun nicht mehr mag – also das ›Hast-du-mich-noch-lieb-Syndrom‹. Irgendwann konnte ich mir aber klar machen, dass dieser Gedankengang in die falsche Richtung weist. Es mag sein, dass mich mein Partner wegen meines unmöglichen Verhaltens mal nicht mag, aber durch ein Gespräch gebe ich mir und ihm die Chance, das wieder gerade zu rücken.

Irgendwie bin ich anders

In meinem Kopf spukt die Vorstellung herum, ich bin vielleicht wirklich nicht in Ordnung, und wenn du mich dann kennen lernst, magst du mich vielleicht auch gar nicht. Da ich von meinen Eltern sehr isoliert wurde, habe ich wenig Erfahrungen mit Freundschaften.

Eva (Brief)

Täter und Täterinnen isolieren ihre Opfer häufig vom gesamten Umfeld. Alle Kontakte werden streng kontrolliert und Freundschaften verboten. So haben Kinder und Jugendliche kaum Chancen, in ein normales menschliches Miteinander hineinzuwachsen. Sie lernen es nicht, mit Konflikten umzugehen, sich zu wehren oder sich durchzusetzen. Diese Isolation verstärkt ihr Gefühl, ›komisch‹ oder irgendwie anders als andere Menschen zu sein. Und so fühlen sie sich auch noch oft als Erwachsene, wenn das Missbrauchsgeschehen längst vorbei ist.

Recht genau sind mir Situationen von früher in Erinnerung, in denen ich mich orientierungslos zwischen unterschiedlichen Verhaltensweisen hin und her hangelte. Auch ich war der Überzeugung, mich irgendwie anders als andere Menschen zu verhalten. Sicherlich war das der Grund, warum mich niemand mochte und niemand wirklich mit mir befreundet sein wollte. Schließlich kam ich auf die Idee, die Menschen meiner Umgebung genau zu beobachten, um eine Person zu finden, die meinem angestrebten Ideal entsprach: allseits beliebt, anerkannt, mit großem Freundeskreis, eine Person, mit der man auch intime Dinge bespricht.

In der Tat, ich fand eine solche Frau und meinte, wenn ich mich so verhielte wie sie, müsse ich doch endlich *normal* sein und anerkannt werden. Ich versuchte, sie zu kopieren. Eine Farce, wie ich heute weiß. Natürlich konnte es nicht funktionieren. Das war ja nicht wirklich ich. Immer wieder habe ich Ähnliches versucht, ohne zu begreifen, dass sich jeder Mensch vom anderen unterscheidet, dass dieser Unterschied normal und vollkommen in Ordnung ist.

Freundin

Wie gern wollte ich eine Freundin haben – als Kind, als junges Mädchen – eine, mit der ich alles hätte teilen können! Da gab es Hanna. Mit ihr war ich in der Schule während der Pausen zusammen und wir gingen auch in dieselbe kirchliche Jugendgruppe. Wir wohnten recht weit auseinander. Lag es daran, dass wir uns nicht ein einziges Mal nachmittags getroffen haben? Da gab es auch Helga. Wir besuchten nicht die gleiche Schule, aber die gleiche Kinder- bzw. Jugendgruppe, und sie wohnte in unserer Nachbarschaft. Also gingen wir manchmal gemeinsam nach Hause. Hin und wieder trafen wir uns auch nachmittags auf der Straße. Aber uns mitteilen, alles miteinander teilen? Nein, so weit ging es nicht. So weit konnte wohl mein Vertrauen nicht reichen – auch nicht bei anderen Mädchen. Eine wirkliche Freundin wie die anderen hatte ich nie.

Allein zu sein, keine Freundin zu haben – oder nur eine im oberflächlichen Sinn – scheint für viele Missbrauchsopfer kennzeichnend zu sein. Dabei versuchen sie oft, die eigene Situation plausibel zu rechtfertigen, um wenigstens vor sich selbst einigermaßen bestehen zu können.

Auch ich war als Kind oft traurig, keine Freundin zu haben, doch bewusst wurde mir diese Situation erst als Erwachsene. Da bastelte ich mir Rechtfertigungen zurecht: »Freundin ist Kinderkram – Sandkastenfreundschaften – nicht ernst zu nehmen – zu einer erwachsenen Frau passt keine Freundin – das hat sie nicht nötig.«

Aus Gesprächen weiß ich, anderen Betroffenen sexueller Gewalt geht es ähnlich. Auch sie suchen sich Begründungen dafür, warum sie keine Freundin haben konnten. Ich höre Erklärungen wie: »Weil ich das gemacht habe, bin ich es wohl nicht wert, eine Freundin zu haben.« Oder: »Es lastete wie ein Makel auf mir. So konnte mich niemand zur Freundin haben wollen.« Oder: »Ich stelle mir immer wieder die Frage, habe ich es verdient, darf ich wirklich eine Freundin haben?« Oder: »Ich war so isoliert von allen, wie sollte ich da eine Freundin bekommen?«

Das ›Hast-du-mich-noch-lieb-Syndrom‹

Opfer sexueller Gewalt prägt oft der Wunsch: »Ich möchte mich so verhalten, dass mich möglichst alle gern haben.« Gemocht, geliebt werden ist ungemein wichtig, denn genau damit erlebten sie ja früher den großen Schiffbruch. Sie waren ursprünglich davon ausgegangen, der Täter oder die Täterin habe sie gern. Als Erwachsene sind sie immer wieder unbewusst von dem Problem geprägt: »Kann es wirklich sein, dass mich jemand uneigennützig mag? Mich liebt, so wie ich bin? Ohne mich auszunutzen? Eigentlich bin ich ja nicht so liebenswert wie andere Menschen.«

Heute habe ich noch immer Angst vor körperlicher Nähe. Immer Angst, sie wollen nur meinen Körper. Und niemand hält auf Dauer meine wenige Zuneigung aus.
Gästebuch (Ausstellung Wismar)

Deshalb entwickeln viele Betroffene ein sehr feines Gespür für kleine Nuancen im Verhalten ihres Gegenübers, auch wenn diese gar nicht auf sie ausgerichtet sind. Und sehr schnell ergibt sich dann die Schlussfolgerung: Ich habe etwas falsch gemacht, die oder der mag mich nicht mehr. Ein solches ›Hast-du-mich-noch-lieb-Syndrom‹ bestimmt oft den Alltag. Durch diese Haltung lassen sich Betroffene leicht ausnutzen, nur um geliebt zu werden. Damit wiederholen sie die Missbrauchssituation ständig auf anderer Ebene. So entsteht eher eine Fremdorientierung als eine Selbstfindung der eigenen Persönlichkeit – ein ›Geliebt-werden-Wollen‹ um den Preis der Selbstaufgabe.

Ich hatte kein Selbstvertrauen und habe immer versucht, es allen recht zu machen. So blieben meine Wünsche immer mehr auf der Strecke.
(Selbsthilfegruppe)

Ich lernte, dass der Preis für Liebe Schmerz ist. Als Erwachsene ging ich Beziehungen ein, in denen ich wieder ausgebeutet wurde.
(Selbsthilfegruppe)

Was bleibt, ist wieder dieses ambivalente Gefühl, geliebt werden zu wollen und doch nicht zu können.
Michaele (Brief)

Glaubwürdigkeit

*Ich konnte keinem Menschen mehr trauen, und was noch
viel schlimmer ist, nicht mal meinen eigenen Gefühlen.*

(Selbsthilfegruppe)

Aus der Missbrauchssituation heraus entsteht zwangsläufig
ein tiefes Misstrauen sich selbst gegenüber. Täter und Täterinnen schaffen es oft auf heimtückische Weise, dem Opfer
die Schuld zuzuschieben, so dass es glaubt, selbst mitgemacht
zu haben. Diese raffinierte Erwachsenentaktik zu durchschauen, gelingt weder Kindern noch Jugendlichen. Sie fühlen
sich hin- und hergerissen zwischen »Es war so schlimm, ich
wollte gar nicht!« und »Ich habe ja selbst mitgemacht!« und
»Was ist richtig – habe ich gelogen?« Doch darüber können
sie mit niemandem sprechen. Also gibt es keinen Menschen,
der dieses unentwirrbare Gedankengeflecht wieder entflech-
ten könnte.

Verstärkend kommt das Schweigegebot für die Opfer hinzu. Bei kleineren Kindern sind es oft Sätze wie: »Wenn du
etwas sagst, wird die Mutti krank ... hat die Mutti dich nicht
mehr lieb ... verlässt die Mutti uns.« Später wissen Kinder
und Jugendliche um die moralische Ächtung des Geschehens
und wagen aus lauter Scham nicht, etwas zu sagen. Dadurch
müssen sie zwangsläufig immer wieder ihre Umgebung anlü-
gen. Diese Tatsache lasten sie nicht den Tätern an, die sie
zum Schweigen verpflichten, sondern sich selbst. Sie haben ja
tatsächlich gegen eigene moralische Prinzipien verstoßen,
sehen aber nicht, dass sie durch Manipulation dazu gebracht
wurden. So hegen sie auch später noch die Überzeugung,
zutiefst unglaubwürdig zu sein. Schließlich glauben sie sich
selbst nicht mehr. Wie oft habe ich von Betroffenen gehört:
»Ich spinne doch. Das, an das ich mich erinnere, kann ja gar
nicht stimmen. So etwas macht niemand.«

Diese Einstellung entwickelt oft eine verrückte Eigendynamik. Immer wieder berichten Betroffene, wie sehr sie sich

wundern, wenn man ihnen das Erzählte glaubt. Damit ist nicht das Erzählen ihrer Missbrauchsgeschichte gemeint. Oft geht es nur um Banalitäten des Alltags. Einige Opfer haben daraus die Strategie entwickelt, nicht zu sagen »*ich* habe gelesen ...« oder »*ich* meine ...« sondern »*Sabine* hat gesagt ...« oder »*Gerda* hat auch gesehen ...« Sie fühlen sich so anders, so unglaubwürdig, dass sie lieber irgendjemand vorschieben, damit man ihnen das Erzählte glaubt.

Die Überzeugung, unglaubwürdig zu sein, bestimmt die gesamte Denkhaltung der Betroffenen. So suchen sie ständig neue Beweise, objektive Daten und Fakten, um sich selbst zu beweisen, dass die eigene Wahrnehmung stimmt. Deshalb sind sie bei Meinungsverschiedenheiten schnell zu verunsichern. Ihr Gegenüber weiß dann oft nicht, was sie eigentlich wollen – wissen sie es doch selbst nicht sicher.

Diese Manie, immer alles beweisen zu müssen, ist mir selbst gut bekannt. Ich komme beispielsweise mit vollbepacktem Fahrradkorb vom Einkaufen, und mein Mann überholt mich mit dem Auto. Sofort kommt mir der Gedanke: »Wie gut, dass er sieht, ich war wirklich einkaufen!« Natürlich hätte er das nie bezweifelt. Ich selbst zweifele meine Glaubwürdigkeit an.

Ein anderes Beispiel: Ich habe wegen verspannter Nackenmuskeln einen Massagetermin. Mein Mann überlegt sich, er könne mich dort abholen, um gemeinsam mit mir anschließend einen Spaziergang zu unternehmen. Als ich aus der Praxis komme, empfinde ich keine Freude über diese gut gemeinte Idee. Mir schießt nur durch den Kopf: »Wie gut, er sieht, dass ich wirklich von der Massage komme!«

Von dieser Art Gedankenreflexen könnte ich noch viele aufzählen, weil sie ständig in mir hochkommen. Deshalb haben wir verabredet, dass ich diese Gedanken immer wieder einmal laut ausspreche, damit mein Mann sie mir zurechtrückt. Vielleicht kann ich dann irgendwann einmal vom Verstand ins Gefühl übertragen, dass ich nicht unglaubwürdig bin.

V. Sexuelle Störungen

Wenn ich besser mit mir klar komme, komme ich auch besser mit meiner Umwelt klar. Es ist nicht nur das Verstehen-Lernen, sondern auch das Verständlich-machen-Lernen.

Julia (Brief)

Der Täter oder die Täterin zwingt den Kindern und Jugendlichen die eigene perverse Sexualität auf. Das geschieht zu einer Zeit, in der diese noch gar nicht die Möglichkeit hatten, eine positive, liebevolle Beziehung zur eigenen Sexualität und den eigenen Geschlechtsorganen aufzubauen – geschweige denn, diese Entwicklung abzuschließen. Die sexuellen Übergriffe bedeuten ein Grauen, das den Körper vor Angst und Schreck erstarren lässt. Daraus entsteht die schon beschriebene sinnvolle Strategie, das Empfinden einfach auszuschalten.

Die so erlebte Gewalt in der Kindheit kann kaum ohne Folgen für ein späteres Sexualerleben bleiben. Die folgenden Zitate sprechen für sich, zeigen sie doch einerseits die Hilflosigkeit der Opfer, aber andererseits auch ihren Wunsch, eine liebevolle sexuelle Beziehung eingehen zu können.

Allerdings möchte ich die folgenden Äußerungen relativieren, weil manche doch sehr erschreckend wirken. Die Folgen des sexuellen Missbrauchs auf die spätere Sexualität sind von unterschiedlicher Art und Intensität. Geschrieben haben aber nur die Menschen, die darin besonders große Probleme sehen. Die anderen mit weniger großen oder nur gelegentlichen Schwierigkeiten tauchen hier nicht auf, weil es ihnen nicht wichtig erschien, dazu etwas zu schreiben.

Wenn ich sexuelle Lust empfand, fühlte ich mich schlecht und schmutzig.

S. *(Selbsthilfegruppe)*

Wie sollte das, was mit so viel Ekel und Angst besetzt war, auf einmal schön sein?

A. *(Selbsthilfegruppe)*

Ich habe lange gedacht, mit meinem Mann zu schlafen, sei der Preis, den man zu zahlen hat für die Zärtlichkeit und Geborgenheit, die man vorher bekommt.

H. *(Selbsthilfegruppe)*

Manchmal taucht das Gesicht meines Vaters oder Erinnerungen an den Missbrauch auf, während ich mit meinem Mann schlafe. Dann kann ich nichts mehr empfinden. Ich war lange nicht fähig, einen Orgasmus zu bekommen.

S. *(Selbsthilfegruppe)*

Ich konnte anfangs mit meinem Mann nicht schlafen. Jedes Mal stand dann eine »schwarze Gestalt« vor meinem Bett. Ich fürchtete mich dann so sehr, dass ich davonlief und mich im Badezimmer einschloss.

M. *(Selbsthilfegruppe)*

Aus drei Briefen, die in zeitlichem Abstand zwischen 1997 und 1999 geschrieben wurden:

Mein Mann und ich befinden uns in einer Phase, wo nichts mehr geht. Seit Monaten kann ich nicht mit meinem Mann »schlafen« und nur ganz wenige zaghafte Berührungen aushalten.

Annette (Brief)

In unserer 16-jährigen Ehe habe ich oft mit meinem Mann seinetwegen geschlafen. Ich war, als wir uns kennen lernten, so froh, dass mich jemand mag, mich mit der VERGANGENHEIT liebte, dass ich ihm diese Dankbarkeit und Liebe auch auf sexuelle Weise zeigen wollte. Außerdem hatte ich immer gehört und gelesen, Sexualität gehört zu einer Ehe dazu.

Annette (Brief)

Unser Problem ist nach wie vor die Sexualität. Mein Mann versichert mir immer wieder, dass er mit mir nicht schlafen will, wenn ich es nicht auch möchte. Und das fällt mir schwer anzunehmen. Ich spüre, wie es ihn manchmal drängt und er sich zurückhalten muss, und das tut mir weh, ihn leiden zu sehen. Leiden zu sehen für eine Tat, die jemand völlig Fremdes an mir begangen hat. [...] Er hat uns um so viel Lebensqualität und Lust gebracht, dass es manchmal schwer auszuhalten ist.

Annette (Brief)

Vielleicht erscheinen Ihnen als Leserin oder Leser die folgenden Hinweise als zu kurz oder zu lapidar. Aber die traumatische Verletzung der Sexualität eines Menschen ist ein so tief greifender Angriff auf die eigene Identität, dass es keine einfachen Ratschläge zur Heilung gibt. Also erwarten Sie hier bitte keine ausführlichen Handlungsvorschläge. Die kann ich Ihnen ehrlicherweise nicht geben, denn trotz einiger Fortschritte ist auch für uns dieses Problem noch nicht wirklich gelöst.

Aus meiner persönlichen Erfahrung halte ich es allerdings für hilfreich, die folgenden Punkte zu überdenken und auf die eigene Lebenssituation zu übertragen:

- Für den Heilungsprozess erscheint es mir wichtig, sich die Auswirkungen auf die eigene Sexualität und auf die persönliche Identität klar zu machen. Das kann schmerzen, aber sich dessen nicht bewusst zu sein, ist oft noch schlimmer, weil der Weg zu einem glücklichen Sexualleben versperrt bleibt.

- Hilfreich kann es sein, im Gespräch mit dem Partner oder der Partnerin die Vorstellung einer eigenen glücklichen Sexualität zu entwickeln – über Ziel und Weg zu sprechen.

- Das Wichtigste jedoch bleibt die alles bestimmende Grundhaltung: ein geduldiges Abwarten, ein Vertrauen auf die Selbstheilungskräfte des Körpers und der Seele.

VI. Körperliche Folgen

Ich brauche auch immer eine Begründung für meine
Beschwerden, weil es mir das Gefühl gibt, dadurch
aus der Opferrolle heraustreten zu können. Nur wenn
ich weiß, woher etwas – vielleicht – kommen kann,
habe ich auch die Möglichkeit, etwas dagegen zu tun.

Eva (Brief)

Eine derart bedrohende traumatische Erfahrung wie die
sexueller Gewalt wird kein Körper wie ein ›normal
schlimmes‹ Ereignis verarbeiten. Danach scheint nichts mehr
zusammenzupassen, die Gefühle nicht zu den Gedanken und
die Bilder nicht zu den Vorstellungen. Genauso sieht es oft
auch später noch in den Opfern aus. Tausend Ängste und
Anspannungen, immer wieder hochkommende Gefühle, die
nicht einzuordnen sind – all das kann beispielsweise
Schweißausbrüche, Bauchschmerzen, Durchfälle oder Herzbeschwerden verursachen.

*Doch irgendein Körperteil meldet sich immer, um mir zu
signalisieren, da ist noch was in der Tiefe; es lag mir
schwer im Magen, plagte mich mit Schwindel bis hin zur
Ohnmacht, mit Angst, bis sich zum Schluss der Darm
meldete und mir unsagbare Schmerzen bereitete. All diese
Schmerzen wurden mir erst im Laufe der Therapie klar.
Bis dahin hatte ich viele Arztbesuche und ätzende Untersuchungen hinter mir.*

Annette (Brief)

Etliche dieser Schmerzen kenne ich aus eigener Erfahrung.
Dennoch habe ich sie oft einfach nur weggedrängt, mich

fühllos gemacht wie damals. Während der Therapiezeit ist mir dann der Zusammenhang zwischen der Sprache und den durchaus berechtigten Symptomen meines Körpers deutlich geworden. Dennoch geschieht es immer wieder, dass, losgelöst vom ursprünglichen Missbrauchsgeschehen, ein körperliches Symptom auftaucht (z.B. bei Angst: ›Schiss haben‹ bzw. Durchfall).

In der ersten Zeit meiner Therapie erzählte ich einmal von meinen Schmerzen.

»›Wie sind die Schmerzen? Wie fühlen sie sich an?‹, fragte Dr. P. Darüber hatte ich noch nicht nachgedacht – sie nur in die Ecke gedrängt und einfach erduldet. ›Es fühlt sich wie ein Wundschmerz an, so als sei mein Inneres eine große offene Wunde – eine riesige Verletzung.‹ Seine verblüffende Antwort: ›Ja, haben Sie denn nicht im Innern eine große Verletzung? Hat dieser Mann Sie denn nicht ganz tief verletzt?‹ Er sagte das mit so viel Ernst und in einer solchen Eindringlichkeit, dass ich plötzlich wusste, genau das war es. Die Sprache drückt es ganz einfach aus. In mir ist tatsächlich alles wund. Ja, er hat mich tief in meinem Inneren verletzt. Genau diese Verletzung spürte ich jetzt, sie ist es, die schmerzt.«[18]

Ähnliche Formulierungen entdeckte ich, als es darum ging, andere körperliche Symptome zu erklären, hinter denen in Wirklichkeit psychische Ursachen stecken. Diese Redewendungen, in denen gewiss alte Volksweisheiten Ausdruck finden, versuche ich hier mit körperlichen Symptomen in Verbindung zu bringen.

Ein psychisches Problem sucht sich das Organ, das gerade zur aktuellen Lebenslage passt.

Eva (Brief)

Die folgenden psychosomatischen Symptome als Spätfolge sexueller Gewalt werden von Betroffenen immer wieder genannt.

- Beschwerden im Magen-, Darmbereich wie Übelkeit, Durchfall, Verstopfung:
  Mir wird dabei ganz übel. Das liegt mir schwer im Magen. Das kann ich nicht verdauen. Das musste ich schlucken. Ich habe Schiss.
- Schmerzen verschiedenster Art, für die kein Arzt eine körperliche Ursache findet:
  Dabei habe ich Bauchschmerzen.
- Migräne, Kopfschmerzen:
  Immer wieder habe ich mir den Kopf zerbrochen. Was habe ich alles falsch gemacht! Wie hätte ich es besser machen können? Das bereitet mir Kopfschmerzen.
- Hauterkrankungen wie Ekzeme, Juckreiz, Spannungsgefühl:
  Ich fühle mich in meiner Haut nicht wohl. Mir ist die Haut zu eng. Ich könnte aus der Haut fahren.
- Atemschwierigkeiten, Erstickungsängste, Hyperventilation – evtl. mit Perioden von Bewusstlosigkeit:
  Mir nimmt es die Luft zum Atmen. Ich kann nicht mehr richtig durchatmen. (Vielleicht stummer Schrei nach Hilfe z. B. der Mutter.)
- Schlafstörungen:
  Das raubt mir jeden Schlaf. Es lässt mich nicht mehr ruhig schlafen.
- Sprachstörungen:
  Es hat mir die Sprache verschlagen. Da bleibt mir die Stimme weg.
- Gleichgewichtsstörungen, Schwindel:
  Mich bringt es vollkommen aus dem Gleichgewicht. Es hat mir den Boden unter den Füßen weggezogen (Unsicherheit).
- Zittern:
  Vor Kälte (auch Gefühlskälte) zittern.
- Schweißausbrüche:

Da habe ich Blut und Wasser geschwitzt. Vor lauter Angst brach mir der kalte Schweiß aus.
- Herzbeschwerden, Angst, Panik:
Das Herz schlägt mir zum Hals heraus. Sich etwas zu sehr zu Herzen nehmen. Mir wird eng ums Herz.
- Krämpfe:
In Angst und Panik erstarren.

Weitere körperliche Symptome möchte ich durch Äußerungen erklären, die ich in Gesprächen mit Betroffenen gehört habe.
- Körperliche Anspannungen, Verspannungen, Druck:
Immer wieder sitze ich so angespannt da, als müsse ich gleich losspringen. Ich ziehe mich dann so zusammen, dass mein gesamter Hals- und Nackenbereich vollkommen verspannt ist. Da ist wieder dieser Druck, so als ob ein schwerer Stein auf meiner Brust lastet – mir jemand die Kehle zuschnürt.
- Konzentrations- und Gedächtnisstörungen:
Ich will mich nicht erinnern!
- Allgemeine Menstruationsstörungen – evtl. bedingt durch Essstörungen:
Dadurch hatte ich mein Frau-Sein abgeschafft.
- Infektionen betroffener Körperteile (Genitalien, Blase, Darm):
Ich bin da unten so oft verletzt worden, dass mein Körper es verlernt hat, sich hier zu wehren.
- Hormonelle Störungen:
Meine Hormonproduktion lief durch den ständigen psychischen Stress dermaßen auf Hochtouren, dass mein Körper irgendwann gestreikt hat und seitdem bestimmte Hormone gar nicht mehr produziert.
- Bettnässen – auch noch im Erwachsenenalter:
Ich habe meinen Körper den gesamten Tag über so krampfartig angespannt, dass er nur noch im Schlaf unkontrolliert loslassen kann.

- Gefühllosigkeit und Taubheit in betroffenen Körperregionen:
  Ich habe es gelernt, mich fühllos zu machen!
- Ständige Unruhe und fortwährendes Stressgefühl:
  In der Hektik vergesse ich alles andere.

Ellen und Siegfried Rachut

Helfen lernen

Man will helfen,

kann aber nicht.

Man will verstehen,

kann aber nicht.

Man will Trost spenden, braucht aber selbst welchen,

um die Eindrücke verarbeiten zu können.

Hilflosigkeit, Trauer,

Sprachlosigkeit, Fassungslosigkeit.

Das Ringen um die richtigen Worte,

die diese Gefühle beschreiben könnten.

Ich fühle mich unendlich betroffen und hilflos

der Situation gegenüber.

R. L. (Gästebuch Lüdenscheid)

I. Ellen Rachut
Grundsätzliche Vorüberlegungen

Eigenverantwortung übernehmen – Isolation überwinden

Partnerinnen oder Partner bzw. freundschaftliche Helfer für Betroffene sexueller Gewalt empfinden zunächst einmal die eigene Ratlosigkeit als bedrückend und niederschmetternd. Sie sehen das tägliche Leiden, möchten verstehen und helfen, stehen dem Ganzen aber vollkommen orientierungslos gegenüber. Dabei kann es hilfreich sein, sich zuerst einmal bewusst zu machen: Das Leben der Betroffenen wird vor allem durch zwei Erfahrungen aus dem traumatischen Erleben bestimmt, nämlich

– die hilflose Ohnmacht gegenüber der übermächtigen Fremdbestimmung durch die Täter und
– die Isolation durch Unterbindung sozialer Kontakte.

Deshalb ist es wichtig, die Hilfe in diesen beiden Bereichen anzusetzen, und zwar durch

– Aufbau des Selbstbewusstseins und Stärkung der Persönlichkeit, damit das Opfer es wieder lernt, sich selbst zu vertrauen, selbst die Initiative zu ergreifen, Eigenverantwortung zu übernehmen, selbstständig zu handeln – überhaupt lebenstüchtiger zu werden.
– Überwindung der inneren und äußeren Isolation, damit das Opfer es wieder schafft, anderen Menschen zu vertrauen, soziale Kontakte zu knüpfen und aufrecht zu erhalten.

Für die Betroffenen ist es wichtig, an der Stärkung ihrer Persönlichkeit mitzuwirken, indem sie selbst Verantwortung für die eigene Heilung übernehmen. Andere Menschen können sie zwar dabei unterstützen, beispielsweise durch Gespräche oder emotionale Zuwendung; sie dürfen Rat und Hilfe anbieten und vieles mehr. Aber niemals sollten sie sich als Retter oder als Anwalt der Betroffenen fühlen. Und auf keinen Fall darf es ein Einmischen in Entscheidungsprozesse geben. All das ist zwar im Allgemeinen gut gemeint, drückt aber dennoch untergründig aus, der/die Betroffene sei nicht fähig, selbst zu handeln. Damit wird den Opfern die Eigenverantwortung abgenommen. Auch wenn es manchen von ihnen zunächst einfacher erscheint, macht es sie doch erneut abhängig und ohnmächtig, wirft sie in alte Denkmuster zurück und wirkt dem Heilungsprozess geradezu entgegen.

Solche Überlegungen waren mir als Betroffener während des Heilungsprozesses überhaupt nicht bewusst. Ich habe es einfach als sehr hilfreich empfunden, dass mein Mann mich zu keiner Entscheidung oder Aktivität gedrängt hat – weder im Großen noch im Kleinen. So kam von ihm nie so etwas wie: »Sag doch, was dich quält!« Er wartete in Ruhe ab, bis ich so weit war, davon erzählen zu können. Und genau das macht die Hilfe aus.

Darüber, den Begriff ›Helfer‹ in diesem Buch zu verwenden, haben wir lange diskutiert. Nennen wir sie besser Partner, Begleiter, Verbündete? Nein, das wirkliche Helfen ist uns wichtig. Echte Helferinnen und Helfer versuchen nicht zu dominieren. Sie können abwarten und vorsichtig tastend erspüren, welche Reaktion in der jeweiligen Situation richtig ist. Das muss nicht den hier aufgeführten Beispielen entsprechen. Unsere Ausführungen sind nur als Anregung gemeint, über eigene Möglichkeiten nachzudenken. Wichtig erscheint mir, den Mut zu finden, selbst Ideen auszuprobieren, auch wenn sie ungewöhnlich erscheinen. Dabei kann sogar herauskommen, die Hilfe einem anderen Menschen zu überlassen und selbst nur als die Person zu agieren, die den Alltag regelt – auch das kann wichtig sein. Allein das Ziel ist ausschlaggebend – die Unterstützung im Heilungsprozess.

Schlimm wird es allerdings, wenn ein solches Helfen in ein ›Helfersyndrom‹ ausartet. Das habe ich einmal brieflich diskutiert und dazu folgende Antwort bekommen:

Zum Helfersyndrom heute nur einen ersten Satz ganz kurz: Eine Person mit Helfersyndrom hilft irgendwie zwanghaft, meint, immer und sofort anderen helfen zu müssen, kann eben nicht begleiten oder auch mal sein lassen, so wie dein Mann, der ja schreibt, dass er gelernt hat, dir Zeit zu geben, sodass du selbst den Zeitpunkt bestimmen konntest, wann du was erzählst, wann du etwas von deiner Bewegung preisgibst oder nicht, auch wenn du schon vorher für ihn Signale ausgesandt hast. Eine Person mit HelferInnensyndrom würde das nicht tun können, sie würde das nicht aushalten. Ja, sie hat einen Zwang, mit ihren Vorstellungen von dem, was dir helfen könnte, einzugreifen in deinen Prozess. Und das hat mir an dem Text von deinem Mann so gefallen, dass er das gerade nicht getan hat und nicht tut, sondern dass er deinen Prozess achtet.

Michaele (Brief)

Wahrscheinlich ist es für Helferinnen und Helfer schwer, der Qual zusehen zu müssen, ohne helfend einzugreifen. Dabei geht es manchmal um ein Abwägen zwischen den Fragen: Dränge ich damit *meine* Entscheidung auf? Oder ermutige ich, die schon getroffene *eigene* Entscheidung umzusetzen?

Dazu ein Beispiel: Während der Therapiezeit brauchte ich manchmal die Ermutigung meines Mannes, beispielsweise sagte er: »Ruf doch ruhig bei Herrn Dr. P. an. Vielleicht kann er helfen.« Mir war eigentlich selbst klar, dass ich unbedingt anrufen wollte. Aber ich hatte tausend Zweifel und traute mich einfach nicht. Es ging also nicht darum, dass mein Mann mich gedrängt hätte, sondern darum, mein Selbstbewusstsein so weit zu stärken, diesen Anruf auch wirklich zu wagen. Zwischen diesen beiden Dingen – Drängen und Ermutigen – zu unterscheiden, ist manchmal gar nicht so einfach.

Zum Schluss möchte ich noch zwei Begriffe aus der Psychologie in diesem Zusammenhang erklären.

Übertragung

Helfer werden immer wieder einmal mit der Situation konfrontiert, dass sie trotz aller wohlmeinenden Bemühungen plötzlich in extremer Weise angegriffen werden. Bedingt durch irgendeinen Auslöser übertragen Betroffene das Missbrauchsgeschehen auf eine Helferin oder einen Helfer. Bei dieser Übertragung scheint es sich um ein Verwechseln von Täter und Helfer zu handeln. Auch wenn sich das in unmotivierten Schuldzuweisungen oder furchtbaren Wutausbrüchen äußert, sollte man das nicht übel nehmen. Es kommt aus dem Unterbewusstsein und lässt sich im geduldigen Gespräch schließlich auch wieder gerade rücken.

Ein besonders heftiges Beispiel habe ich selbst erlebt. Meine Freundin Beate war mir während der Therapiezeit eine unentbehrliche Helferin. Als ich sie eines Tages besuchte, hörten wir gemeinsam eine CD mit der *Deutschen Messe* von Schubert. Das wurde zum Auslöser. Auf dem Heimweg war ich von der fixen Idee regelrecht besessen, was der Musiklehrer früher mit mir gemacht hat, versuche jetzt Beate. Damals war es die Musik, jetzt sind es ihre wunderschönen Worte – auch eigene Gedichte hat sie mir gezeigt. Ich war überzeugt, dass sie mich damit manipulieren und verführen wollte. Zu Hause angekommen, schrieb ich ihr einen bitterbösen Brief mit furchtbaren Schimpftiraden und persönlichen Angriffen.

Ohne dass es mir irgendwie bewusst geworden wäre, hatte ich sie mit dem Musiklehrer gleichgesetzt. In mehreren langen Telefongesprächen konnten wir die Sache klären. Ich schämte mich furchtbar und war ihr dankbar, dass sie mir die Möglichkeit gab, alles wieder gerade zu rücken. So konnte ich mein Gesicht wahren, und meine ohnehin beschädigte Selbstachtung nahm nicht weiteren Schaden.

Gegenübertragung

Darunter versteht man die Tatsache, dass sich Helfer zu sehr in das traumatische Geschehen hineinziehen lassen. Damit übernehmen sie für ihre Helferrolle die Ohnmacht und Hilflosigkeit des Opfers. Mein Mann hat das einmal so ausgedrückt: »Ich sollte deine Probleme nicht zu meinen machen. Ich darf zwar mitfühlen, aber auf keinen Fall mitleiden; denn dann kann ich dir nicht mehr helfen.«

Das zeigt, wie schwer es auch für Helfer ist, sich abzugrenzen. Doch wenn man um dieses Problem weiß, kann man sich gedanklich damit auseinandersetzen und bewusst die eigenen Grenzen festlegen.

Die ›Ich-glaube-an-dich-Haltung‹

»Daß ein anderer Mensch an uns glaubt, wenn uns der eigene Glaube zerschlagen ist, und ihn uns wiedergibt, das, dachte ich, wäre die Liebe, das Wunder der Liebe, die Gnade, unerklärbar wie das Nahen eines Engels.«[19]

Dieses Zitat von Max Frisch schrieb mir damals meine Freundin Beate. Für mich war es eine große Hilfe, obwohl ich zu der Zeit gar nicht fähig war, den Text wirklich zu begreifen. Nur das Gefühl interpretierte: »Mein eigener Glaube ist zerschlagen, trotzdem gibt es Menschen, die an mich glauben.« Heute sehe ich, dass diese Grundhaltung der Menschen in meiner Umgebung ausschlaggebend für meine Heilung war, denn ich hatte in der Tat jeglichen Glauben an mich selbst verloren.

Da gab es meinen Mann: Immer wieder zeigte er mir die Fortschritte meiner Heilung auf, Fortschritte, die ich gar nicht bemerkt hatte. Sogar in Extremsituationen geriet er nicht in Panik, wenn ich z. B. nachts überhaupt nicht ins Bett fand oder mich Suizidgedanken quälten. Ohne Worte, allein durch seine Ruhe bestätigte er mir: »Ich glaube an dich. Du gehst nicht unter. Du wirst wieder heil.«

Da gab es meine beiden Kinder: Sie nahmen mich still in den Arm und sagten: »Bleib sitzen, heute mache ich das.« Und gleichzeitig signalisierten sie, demnächst wirst du wieder für uns da sein.

Da gab es meine Freundin Beate: Noch während der Zeit, als ich mich ganz unten fühlte, regte sie an, ich solle meine Therapiegeschichte als Buch veröffentlichen. Sie sprach von gemeinsamen Vortragsabenden, bei denen wir anderen Betroffenen sexueller Gewalt eine Hilfe sein könnten. Obwohl ich mir das alles damals nicht zutraute, ließ sie mich doch verstehen, dass sie an mich und meine Stärke glaubte.

Da gab es meinen Therapeuten: Manchmal habe ich ihn regelrecht angegriffen mit Sätzen wie: »Was gibt Ihnen eigentlich das Recht zu glauben, dass ich jemals wieder aus dieser Situation herausfinde?« Vollkommen ruhig, ohne den geringsten Anflug eines Zweifels sagte er dann: »Sie können die Verletzung zwar nicht ungeschehen machen, aber irgendwann werden Sie es lernen, damit zu leben. Und das werde ich Ihnen bestätigen, so oft Sie es brauchen.«

Nur an mich zu glauben, das war die wichtigste Hilfe. Der leiseste Zweifel hätte mich wahrscheinlich schon aus dem Konzept gebracht.

II. Siegfried Rachut
Mein ganz persönlicher Weg der Therapiebegleitung

Vorgeschichte

Meine Frau Ellen und ich lebten etwa dreißig Jahre in einer weitgehend gefestigten Ehe miteinander. Uns verband absolutes gegenseitiges Vertrauen und Verständnis für den anderen, für seine Sorgen und Probleme. Wir freuten uns gemeinsam auf Veranstaltungen, die wir besuchten, auf die Reisen, die wir unternahmen, und akzeptierten die kleinen Macken des anderen. Wir waren stolz auf die schulischen und beruflichen Erfolge unserer Kinder. Also eine völlig normale Familie ...

Dann, eines Abends im Frühjahr des Jahres 1993, saßen wir nach einem Fernsehfilm noch zusammen. Nachdem wir eine Weile über den vergangenen Tag gesprochen hatten, sprudelte unter Tränen aus Ellen heraus, dass sie als junges Mädchen missbraucht worden war und dass sie das Geschehen bisher vollständig verdrängt hatte. Während einer Kopfschmerztherapie war die Erinnerung wieder hochgekommen.

Ich spürte, wie sehr sie litt, als sie das sagte. Bei mir entstand ein Gefühl absoluter Hilflosigkeit. Ich wusste nicht, was ich dazu sagen sollte oder was ich in diesem Moment tun könnte – also schwieg ich und nahm sie wortlos in meine Arme. Eines war mir allerdings klar, ich durfte sie jetzt auf keinen Fall allein lassen. Sie musste wissen: Ich halte zu ihr, und unsere Liebe würde darunter nicht leiden, sondern sich bewähren.

Erst in den nächsten Tagen berichtete Ellen Details. Zunächst erzählte sie, dass plötzlich, während der Vorbereitung eines ihrer Klavierkonzerte, die Erinnerung an den Missbrauch einsetzte.

Bislang hatte ich mich mit dem Thema *sexueller Missbrauch* überhaupt nicht befasst. Alles, was ich darüber wusste, hatte ich den Medien entnommen. Doch bekanntlich kann man mit diesen Informationen in einer konkreten Situation nichts anfangen. Ich wollte helfen, wusste nur nicht, wie. Ich tat, was ich aus meiner Tätigkeit als Lehrer gewohnt war: Ich besorgte mir Literatur. Empfohlen wurde ein amerikanisches Buch, sehr umfangreich und durchaus informativ. Doch nachdem ich etwa 100 Seiten gelesen hatte, hatte ich den Eindruck, dass es mir in diesem speziellen Fall nicht weiterhalf und ich mit meinen eigenen Mitteln viel wirkungsvoller helfen könnte.

Dennoch bin ich überzeugt, dass die Literatur, die zu diesem Thema erschienen ist, in vielen Fällen durchaus hilfreich sein kann. Ich möchte auch meinen Weg der Therapiebegleitung nicht als den einzig optimalen darstellen. Es kann für die zahlreichen Folgen des sexuellen Missbrauchs, die alle unterschiedliche Ursachen und Ausprägungen haben, keinen Königsweg geben. Da jeder Fall ein Einzelfall ist, werde ich im Folgenden meinen eigenen Weg schildern. Vielleicht finden sich darin ja zu den verschiedenen Symptomen Hilfen oder Tipps, mit denen der eine oder die andere etwas anfangen kann.

Um Frustrationen vorzubeugen, die dadurch entstehen könnten, dass man den folgenden Text als nahezu perfektes Szenarium empfindet, möchte ich auf den Schluss verweisen. In der Geschichte *Einstein* (S. 106 in diesem Buch) wird eine rein emotionale Vorgehensweise dargestellt, die aber ebenso hilfreich sein kann wie meine. Ich möchte mit meinem Beitrag bewirken, dass Angehörige oder Freunde von Betroffenen nicht so hilflos sind, wie ich es anfangs war. Aber jeder Helfer oder Unterstützer muss eins wissen: Er ist kein Therapeut – er ist Begleiter der Therapie!

Und noch ein Hinweis: Niemand sollte sich gedrängt fühlen, meinen Weg der Therapiebegleitung zu wählen, wenn er nicht davon überzeugt ist, ihn mitgehen zu können. Ich habe mich während der ganzen Zeit nie zu irgendetwas gezwungen gefühlt. Was ich tat, war für mich einfach selbstverständlich, und mein eigenes Leben, meine eigenen Interessen haben nicht darunter gelitten.

Viele meiner Hilfsmöglichkeiten stammen aus dem täglichen Umgang mit Schülern. Ein krampfhaftes Nachahmen meines Weges kann Betroffenen eher schaden. Deshalb möchte ich alle, die helfen wollen, dazu ermuntern, Wege zu finden, die ihrem Naturell, ihrem Temperament und ihren Fähigkeiten entsprechen. Lieber einmal mehr sagen, dass man auch Zeit für sich selber braucht, als ein missmutiger Umgang mit den Betroffenen. Zuversicht auszustrahlen ist wichtiger als aufopferungsvolles Tun. Betroffene dürfen niemals den Eindruck gewinnen, dass man sich opfert – das schadet ihnen und uns.

Geduld und Verständnis

Früher kannte ich aus den Medien nur die spektakulären Fälle von sexuellem Missbrauch. Erst seitdem ich weiß, dass über 90% aller Missbrauchsfälle im engeren Umfeld des Kindes geschehen, ist mir klar, was in Wirklichkeit dahinter steckt: Durch Geschenke, Ausflüge, Lob oder Belohnungen baut man Vertrauen und Zuneigung bei Kindern und Jugendlichen auf. Und genau das wird nun ausgenutzt, um sie sexuell zu missbrauchen. Wie soll dieses Kind, dieser junge Mensch in Zukunft mit seinen eigenen Gefühlen (Vertrauen, Zuneigung und Liebe) umgehen? Er muss doch immer zunächst Gefahr wittern, wenn jemand freundlich zu ihm ist. Diese Spontanabwehr gegen jeden Annäherungsversuch von Spielkameraden, Eltern oder Lehrern muss als Reflex auf die Zerstörung von Vertrauen und Zuneigung verstanden werden.

Nach dieser Überlegung wird klar, dass die Betroffenen eine Verletzung erlitten haben, bei der die Heilung fast immer recht langsam voranschreitet. Außerdem wird es immer wieder Rückschläge geben. Hier ist kein Heilungsprozess wie bei einer Grippe oder einem Beinbruch zu erwarten. Die sexuelle Gewalt hat die Seele und damit das Zentrum des Gefühlslebens eines Menschen verletzt. Werte wie Zuneigung, Vertrauen und Liebe wurden auf Dauer mit negativen Erfahrungen verbunden. Die Betroffenen müssen daher zunächst einmal misstrauisch reagieren, wenn ihnen jetzt auf einmal jemand ehrlich gemeinte Zuneigung, Vertrauen, Liebe entgegenbringt. Die erste Reaktion wird unbewusst eine Abwehrhaltung sein, selbst Menschen gegenüber, denen sie zuvor vertraut haben. Diese Abwehrhaltung kann sich sehr unterschiedlich ausdrücken. Mal können die Betroffenen die Hilfe einfach nicht akzeptieren. Das reicht vom sanften Ignorieren des Helfers bis zu schroffer Ablehnung. Es kann auch sein, dass die oder der Betroffene eine eigene, »viel bessere« Möglichkeit der Problemlösung weiß, die aber in Wirklichkeit nur eine Flucht vor dem Problem bedeutet oder es einfach leugnet.

Wenn wir uns all diese Mechanismen vor Augen führen, wird deutlich, dass wir Helfer viel Geduld und auch Offenheit aufbringen müssen, wenn wir helfen wollen. Das Misstrauen, ja die Aggression, mit der gut gemeinte Vorschläge manchmal abgelehnt werden, gelten ja nicht mir als Helfer. Es hat nichts mit mir zu tun, wenn die von mir gegebene Liebe nicht unmittelbar zurückgegeben werden kann. Oft wusste Ellen selbst nicht, dass nicht ich damit gemeint war. Ich spürte es manchmal und sagte es ihr auch. Dann erst wurde es ihr selbst bewusst.

In zahlreichen Gesprächen mit Helfern bzw. Therapiebegleitern kam zum Ausdruck, dass sie Probleme mit der Übertragung hatten. Sie empfanden es als sehr belastend, wenn ihnen von den Betroffenen Vorwürfe gemacht wurden, die in ihren Augen absurd waren. Liebe Begleiterinnen und

Begleiter einer Therapie – nicht Sie sind gemeint, Sie sind nur ›Blitzableiter‹ für die Wut auf die Missbraucher!

Geduld ist besonders dann gefordert, wenn Rückschläge im Heilungsprozess auftreten. Sowohl im körperlichen Bereich als auch im psychischen Bereich können überwunden geglaubte Symptome plötzlich wieder auftreten, z. B. Essstörungen oder Verdauungsprobleme oder Depressionen und Überreaktionen.

Immer wieder setzte ich mich selbst unter Druck, doch nun endlich voran zu kommen in der Verarbeitung meiner Geschichte. Dabei entstand in mir zunächst ein unentwirrbares Hin und Her. Ich wollte ja möglichst bald alles Geschehen überwinden. Doch andererseits merkte ich, so schnell geht es gar nicht. Da war es für mich sehr hilfreich, gebremst zu werden, denn die Entwicklung konnte ich so schnell nicht durchschauen. Mein Mann gab mir dann das sichere Gefühl, nicht unter Leistungszwang zu stehen. Ich konnte mein Tempo allein bestimmen.

(Ellen Rachut)

Beobachtungsgabe verfeinern

Durch den täglichen Umgang mit Schülern hatte sich bei mir im Laufe der Jahre eine Eigenschaft besonders ausgeprägt: Schwächen und Stärken, Verhaltensmuster und Reaktionen relativ sicher einschätzen zu können. Um jungen Menschen im Schulalltag gerecht zu werden und ihnen bei besonderen Aufgaben entsprechende Hilfestellungen zu geben, ist es nützlich, ihre Empfindlichkeiten genau zu kennen.

Im Verlauf der Therapie meiner Frau habe ich bei mir festgestellt, dass diese Beobachtungsgabe noch extrem verfeinert wurde. Ich lernte, dass der Körper schon viel früher ein Unbehagen ausspricht, als die Sprache es kann. Bewusstsein und Verstand hinken der Körpersprache weit hinterher. Verunsicherungen oder Angst konnte ich an Ellens Mimik oder Gestik ablesen, lange bevor sie ihr selbst bewusst wurden. Wenn die Situation mir geeignet erschien, habe ich sie auch darauf angesprochen. Selbst wenn sie meine Beobachtung nicht sofort bestätigte, sagte sie mir oft Stunden oder Tage später, dass diese Verunsicherung oder Angst wirklich vorhanden gewesen war. Durch meine Feststellungen war es Ellen zuweilen möglich, sich auf die Angstanfälle, die sie immer wieder überfielen, besser vorzubereiten. Dadurch wurde sie mit der Zeit in ihrem Gefühlsleben stabiler. Sie war diesen emotionalen Verwerfungen nicht mehr schutzlos ausgeliefert.

Jeder Mensch besitzt eine ganz individuelle Sprache. Sie umfasst sowohl das Vokabular und den Satzbau als auch die Sprachmelodie. Partner kennen diese spezielle Art der Ausdrucksweise. Immer, wenn sich hier etwas veränderte, wurde ich hellhörig. Ich versuchte herauszufinden, ob vielleicht etwas ganz Alltägliches dahinter steckte. Wenn das nicht der Fall war, geriet ich manchmal an die Grenzen meiner Möglichkeiten. In solchen Fällen war ich froh, wenn Ellen sich professionelle Hilfe bei ihrem Therapeuten holte.

Aus meiner jetzigen Sicht halte ich es für besonders wichtig, jeden noch so kleinen Fortschritt in der Therapie und der Persönlichkeitsentwicklung zu registrieren und auch auszusprechen. Für Ellen war es immer eine große Freude und Bestätigung, wenn ich ihr z. B. sagte: Das hast du vor einem halben Jahr noch nicht gekonnt. Ich meinte damit auch Tätigkeiten, die ihr früher ganz selbstverständlich waren, wie Klavier spielen, Fahrrad fahren und Tagebuch schreiben. Mehr noch – ihr Klavierspiel hatte jetzt eine ganz andere Ausdruckstiefe, und sie hatte angefangen Gedichte zu schreiben. Besonders schön war es für uns beide, dass sie für Zärtlichkeiten zunehmend empfänglicher wurde.

Für Außenstehende ist es wahrscheinlich schwer nachzuvollziehen, dass der Heilungsprozess ein großes Auf und Ab ist. Immer wieder gibt es Zeiten, in denen wir uns ganz weit unten fühlen und davon überzeugt sind, nichts mehr zu können. Wenn man dann allerdings sieht, es gibt aber einen Menschen, der an meine Stärken glaubt – und dieser Glaube muss deutlich sichtbar werden –, dann kann sich auch das eigene Vertrauen darauf langsam wieder aufbauen.

(Ellen Rachut)

Emotionale Hilfen

Wenn wir die Betroffenen besser verstehen wollen, müssen wir versuchen, uns die emotionale Lage des Kindes zu verdeutlichen, dessen Vertrauen und Liebe durch den Missbrauch gründlich enttäuscht wurden. Wir müssen uns diese Hilflosigkeit, diese Scham, diese Schuldkomplexe, diese Hoffnungslosigkeit vergegenwärtigen, um mitfühlen und mit den Folgen umgehen zu können. Wir als erwachsene Helfer geraten oft schon bei der ersten Annäherung an dieses Thema in eine absolute Sprach- und Hilflosigkeit – jedenfalls ging es mir so, als meine Frau mir zum ersten Mal ihre Kindheits- und Jugenderlebnisse erzählte. Um wieviel hilfloser muss sich das Kind gefühlt haben, als es diese Gewalt an sich selbst erlitt.

Meine Hilfe bestand zunächst nur darin, dass ich meine Frau in den Arm nahm, sie reden und weinen ließ, ohne auch nur ein Wort dazu zu sagen. Ich war selbst zu bedrückt und hilflos. In diesem Moment hatte ich nur noch Angst, etwas falsch zu machen oder etwas Falsches zu sagen. Ich wusste nur: Irgendetwas unaussprechbar Grausames war meiner Frau widerfahren, und ich wollte ihr helfen, es zu überwinden.

Abends geriet Ellen häufig in eine Stimmung, in der sie hemmungslos weinte. Während ich noch nach Worten suchte, die ich zu ihr sagen konnte, fühlte ich mich mit einem Mal an unsere Tochter erinnert, wenn sie Kummer hatte und einfach nur gestreichelt und getröstet werden wollte. Das Gleiche machte ich jetzt auch bei Ellen. Erst nach einer Weile des Schluchzens fand sie dann schließlich Worte, die aber ihre eigentliche tiefe Traurigkeit und Verletztheit gar nicht ausdrücken konnten. Ich schwieg daher meistens weiter und nahm sie einfach still in meine Arme. In diesem Moment wollte ich nur zeigen, dass ich für sie da war und da sein würde.

Immer wenn ich merkte, dass sie für Gespräche nicht offen war, sie mich aber trotzdem brauchte, versuchte ich durch Gesten der Vertrautheit (ein zärtliches Streicheln über ihren Rücken, ein kurzes Umarmen usw.) meine emotionale Nähe zu zeigen. Es gab aber auch Situationen, in denen sie zwar meine Anwesenheit brauchte, meine Nähe, vielleicht ein paar tröstende Worte, in denen sie aber keinen Körperkontakt ertragen konnte. Doch dafür entwickelte ich im Laufe der Zeit ein eigenes Gespür.

Wenn diese furchtbaren Essstörungen auftraten, überlegte ich mir, mit welchem sehr leichten Gericht ich ihr eine Freude machen konnte, so dass sie wenigstens eine Kleinigkeit aß, um den Körper nicht ganz auszuzehren. Sie freute sich zwar nur selten direkt über diese Aufmerksamkeit, registrierte sie aber dennoch. Die Reaktion darauf kam oft sehr viel später.

Früher verhinderten ihre Migräneanfälle oft, dass wir an den Wochenenden etwas unternehmen konnten. Zu ihrer Ablenkung plante ich jetzt Ausflüge zu Freunden, Besichtigungen von Ausstellungen, Theaterbesuche und Konzerte. Unsere Urlaube gestalteten wir so, dass vor allem ihre Bedürfnisse zufrieden gestellt wurden. So haben wir ihre wiedergefundene Freude an der Musik bewusst in unsere Planungen einbezogen. Trotzdem kann ich nicht sagen, dass meine Bedürfnisse dabei zu kurz gekommen wären. Das Gegenteil war der Fall. Ich öffnete mich für Dinge, die mir unendlich viel gaben.

Auch wenn es auf den ersten Blick nicht so erscheint, haben auch mich all diese emotionalen Erfahrungen letztlich gestärkt. So konnte ich in Ellens schlimmster Therapiephase einen Sieg über mich selber feiern. Am 13. 11. 1995 habe ich meine letzte Zigarette geraucht! Dies werte ich als einen Beweis dafür, dass Helfen nicht nur Kraft kostet – es gibt viel mehr zurück, als man investiert.

Mich einfach fallen zu lassen in die Geborgenheit meines Mannes fiel mir anfangs unendlich schwer, zeigte es doch meine Schwäche und Hilflosigkeit. Doch genau daraus erwuchs mir eine unendliche Stärke.

(Ellen Rachut)

Ablenkung und Freude, Ermutigung und Motivation

Alle Betroffenen wünschen nichts sehnlicher, als frei leben und sich von den Folgen des sexuellen Missbrauchs lösen zu können. Obwohl sie wie magisch immer wieder in das Entsetzliche zurückgezogen werden, ihnen freie Kräfte fehlen, um von selbst etwas Neues aufzubauen, ist ihr Wunsch danach sehr ausgeprägt.

Aufgabe der Helfer könnte sein, Freizeitinteressen auszuloten und dem Partner, der Partnerin nahe zu bringen. Das können vielleicht zunächst einmal passive Dinge sein (wie Musik hören, Theaterstücke besuchen, Vorträge anhören, Sportveranstaltungen besuchen usw.). Sie sollten jedoch auch immer eigene Aktivitäten umfassen. Das sorgt nicht nur für willkommene Abwechslung, sondern stärkt auch das Selbstvertrauen und das Selbstbewusstsein.

Dabei denke ich an all die kreativen Ausdrucksmöglichkeiten, die ich nicht nur bei Ellen, sondern auch bei anderen Betroffenen gesehen habe – Bilder, Gedichte, Musik. Erst allmählich gewinnen sie die Lockerheit, eine vertraute Person daran teilhaben zu lassen. Oft sind gerade die Texte von Betroffenen von einer starken Ausdruckskraft mit beinahe plastischen Metaphern. Diese Gedichte schildern eine innere Befindlichkeit, wie man sie in Prosa nicht auszudrücken vermag. Aber auch das spielerische Element kommt darin nicht zu kurz. So manche Autorin spielt mit Worten, Zeilen, Silben, Reimen, Abständen, Metaphern und literarischen Anspielungen. Im Anhang stehen mehrere Beispiele für solche Gedichte, die ihr Lesepublikum fordern und überraschen.

Ähnliches gilt für die Malerei. Aber es muss nicht gleich alles hohe Kunst sein. Ein gutes Handwerk, harmonische Bewegungen, musikalische Darbietungen oder ein anderes Hobby können ebenfalls Freude bringen und bei anderen Begeisterung auslösen.

Für mich selbst hatte der Sport immer eine Ausgleichsfunktion, passiv genossen als ein mentales Regulativ. Ich kann mich ärgern oder freuen, spontan laut Spannungen los werden beim markigen *Tor*-Gebrüll, aber auch aktiv, wenn ich durch die Felder radle, den Sonnenschein und den Wind genieße, die Erde rieche, Blüten und Blumen, Vögel und Rehe beobachte und nicht merke, dass ich 30 Kilometer gefahren bin. Aktiv auch, wenn ich mich beim Volleyball austoben kann, meine taktischen und strategischen Fähigkeiten einbringe und Spaß an der Bewegung habe.

Damit möchte ich sagen, beide, Betroffene wie auch Helferinnen und Helfer, brauchen Ablenkung und Freude. Das bedeutet Ermutigung und Motivation, den Weg der Heilung weiter zu gehen. Ich denke, es lassen sich für jeden Menschen Aktivitäten finden, bei denen er sich wohl fühlt und lernt, wieder Freude zu empfinden. Es ist schön zu merken, dass man etwas kann, immer besser oder variantenreicher wird und auch Anerkennung vom Umfeld bekommt, manchmal sogar von Personen, von denen man es gar nicht erwartet hätte. Helfer können dazu beitragen, auch solche Aktivitäten zu unterstützen, bei denen sie selber nicht aktiv werden wollen oder können.

Zum einen war es für mich wichtig, einfach einmal weg von all den trüben Gedanken zu kommen und etwas zu unternehmen, das meine Gedanken in eine völlig andere

Richtung lenkte. Allein wäre ich manchmal gar nicht darauf gekommen, irgendwelche Freizeitaktivitäten zu planen, weil ich mich regelrecht in meine alte Geschichte verbissen hatte. So konnte ich für eine Weile Luft schöpfen und wieder neue Kraft tanken.

Zum anderen bedeutete es mir sehr viel, wenn mein Mann meine Gedichte und meine Bilder interpretierte, sich darüber mit mir unterhielt, sie also ernst nahm. Für mich hieß das: »Ich kann also doch etwas und bin nicht das am Boden zerstörte Etwas.«

(Ellen Rachut)

Schuldkomplex

Extrem langwierig gestaltete sich die Überzeugungsarbeit im Bereich der Schuldgefühle. Immer wieder stellte sich Ellen die Frage, ob nicht sie allein Schuld an dem Missbrauch gewesen sei, der an ihr verübt wurde. Nachdem sowohl der Therapeut als auch das übrige Umfeld permanent darauf hingewiesen hatten, dass doch der Erwachsene die Verantwortung für und damit auch die Schuld an ihrem Missbrauch trägt, tauchte die Frage nach der Mitschuld auf. Da gerade dieser Bereich auch in der Öffentlichkeit immer wieder heftig diskutiert wird (aufreizende Kleidung und Bewegungen, frivole Sprache usw.), wurde die Verunsicherung eher größer. Hier machte ich die Erfahrung, dass intellektuelle und sprachliche Überzeugungskraft nicht ausreichen, um einen dauerhaften Einstellungwandel zu erzielen. Bis zum Ende der Therapie hatte Ellen immer wieder Zweifel daran, ob sie nicht doch zumindest mitschuldig am Geschehen sei.

Die Frage nach der Schuld geht aber weit über den erfolgten Missbrauch hinaus. Bei jedem zwischenmenschlichen Kontakt gibt es Differenzen und Missverständnisse oder auch ganz normale Pannen. Die »Schuld daran« hatte immer Ellen, d.h. sie glaubte sie zu haben. Hier konnte ich zumindest einen Teilerfolg verbuchen, indem ich bei banalen Alltagsgeschehnissen immer wieder betonte, dass in diesem Fall ja gar nicht die Frage nach Schuld oder Nichtschuld gestellt werden könne. Eines von vielen Beispiele dafür, dass sie sich für alles die Schuld gab, egal was passierte: Wir bekommen Besuch, decken gemeinsam den Tisch und machen auch die übrigen Vorbereitungen zusammen. Wir werfen noch einen Blick auf den Tisch und stellen fest, dass der Besuch nun kommen kann. Als der Besuch dann Platz genommen hat und wir zu essen beginnen, möchte ein Gast etwas Salz zum Nachwürzen haben. Ellen springt auf und entschuldigt sich heftig, dass sie doch ganz vergessen habe, das Salztöpfchen auf den Tisch zu stellen.

Nachdem diese Phase wenigstens ansatzweise überwunden war, stellte sich ein anderes Phänomen ein, mit dem wohl jeder Helfer fertig werden muss: Plötzlich bekam ich die Schuld für alles, was schief ging. Reine Abwehrreaktionen nützen da meistens wenig, bewirken im Gegenteil eher Trotzreaktionen beim Partner. Ich habe versucht, solche ungerechtfertigten Schuldzuweisungen mit Humor zu lösen, z. B. mit Hilfe eines Schildes: *Schuld abladen verboten*, oder mit der Errichtung einer *Schuldfreien Zone* im Haus, oder indem ich die Wochentage in Schuldtage einteilte (Montag: Ellen, Dienstag: Siegfried, Mittwoch: Ellen, Donnerstag: Siegfried usw. Der Sonntag blieb schuldfreier Tag für beide).

Die humorvolle Art, an das ›Schuldproblem‹ heran zu gehen, war besonders hilfreich für mich, handelte es sich in mir doch oft um ein unentwirrbares Gedankengeflecht: Da tauchte die Mitschuld an dem Missbrauchsgeschehen auf, meine Schuld an Banalitäten des Alltags, dann das Wissen um die Unsinnigkeit dieser Gedanken und schließlich das Umschwenken, bei dem mein Mann die Schuld bekam. Ich pendelte also immer wieder orientierungslos zwischen schuldig, nicht schuldig, deine Schuld, meine Schuld hin und her. Plötzlich das: »Ist heute wieder mein

Schuldtag?« Und ein befreiendes Lachen löste die Situa-
*tion. Aber danach brauchte ich unbedingt eine für mich
*sichere Orientierung. Dann überzeugte es mich oft zu
*hören: »Dieses Problem hat mit Schuld oder Nichtschuld
*gar nichts zu tun. Es geht hier überhaupt nicht um eine
Schuldfrage.«

(Ellen Rachut)

Sexualität

Die größten Probleme im Verlauf unserer Ehe bereitete unser
unterschiedliches Verhältnis zur Sexualität. Während ich zu
Anfang sehr experimentierfreudig war, hatte Ellen große
Probleme mit der sexuellen Praxis überhaupt. Ich wollte mit
ihr über diesen mir unerklärlichen Zustand reden, aber sie
war dazu nicht in der Lage. Das führte zu heftigen Auseinan-
dersetzungen und zu einigen Ehekrisen.

Da aber die emotionale Bindung aneinander stärker war
als das Begehren, siegte die Vernunft. Schließlich beschlossen
wir, das Thema Sexualität nicht weiter zu diskutieren. Wir
gaben uns mit dem Status Quo zufrieden, weil es ja anschei-
nend keine Erklärung für unsere gegensätzlichen Bedürfnisse
und Empfindungen gab.

Mit dem Beginn der Therapie wurden dann die Ursachen
klar. Ellens natürliches Verhältnis zur Sexualität war in der
Kindheit und Jugend zerstört worden. Ihre Empfindungs-
bereitschaft, die Freude an der Sexualität hatten diese Ver-
brecher auf dem Gewissen. Schön wäre es für Ellen, zunächst
einmal ein natürliches Verhältnis zu ihrem Körper wiederher-
zustellen. Sie hatte ja viele Empfindungen in der Miss-
brauchsphase unterdrückt bzw. abgestellt, die nun nicht einfach wieder anzustellen waren wie eine Kaffeemaschine. Das
Fühlen des eigenen Körpers und seiner Bedürfnisse musste
neu erlernt werden. Das geht aber nicht so schnell wie der
Neuaufbau der Muskulatur nach einem Beinbruch. Hier

handelt es sich nicht um Muskeln, die systematisch trainiert werden können. Es muss die ganze Mentalität verändert und der Körper in die Lage versetzt werden, Reize zu empfangen und sie als schön zu empfinden.

Das bedarf großer Geduldsanstrengungen von beiden Seiten. Hier war Ellen verständlicherweise viel ungeduldiger als ich. Ich hatte ja die dreißig Jahre vorher schon als Geduldsprobe angesehen, und für mich gab und gibt es die Hoffnung, dass ein Eintritt in die Normalität möglich ist. Ich weiß, in ihrem Kopf tauchen immer wieder die Bilder auf, die sie daran hindern, Sexualität als schön zu empfinden. Ich spüre aber mehr und mehr ihre Empfänglichkeit für zärtliches Streicheln – nicht immer, aber immer öfter. Das gibt auch mir mehr Lebensfreude. Ich fange jetzt auch an zu lernen, dass Sexualität keine einseitige Angelegenheit ist. Wir haben zwar verlernt, uns über Sexualität zu unterhalten, für uns ist es nicht normal, über unser eigenes Empfinden zu sprechen. Wir sind aber beide dabei, auch dies neu zu lernen.

Für mich war zunächst ein absichtsloses, von jeglicher sexuellen Bedeutung befreites Streicheln wichtig. Ich musste einfach viele, viele Male erfahren, dass mein Körper einfach so Streicheleinheiten bekommt, ohne dafür ›bezahlen‹ zu müssen. Dabei konnte mein Verstand nichts ausrichten, der mir längst sagte, hier handele es sich nicht um einen Übergriff, ein sexuelles Ausnutzen. Wirklich, es erfordert viel Geduld von beiden Seiten und ein immer wieder neues Erleben der von Sexualität unabhängigen körperlichen Nähe, bis sich endlich die innere Verkrampfung langsam, sehr langsam zu lösen beginnt. Ich begann meine Therapie mit über fünfzig Jahren. Da war diese Verkrampfung natürlich schon sehr starr. Das ist sicher anders, wenn man damit in jüngeren Jahren beginnt.

(Ellen Rachut)

III. Grundlagen für die Helfer

Es ist schwierig, die richtige Bezeichnung für die Personen zu finden, die nicht selbst betroffen, aber bereit sind, sich für die Betroffenen zu engagieren. Sind sie Mitbetroffene? In gewisser Weise ja. Sind sie Verbündete? Gegen wen oder für wen oder was? Gegen die zerstörerischen Kräfte, die nach sexuellem Missbrauch wirken?

Sind sie Angehörige? Ja. Sind sie Anwälte? Zuweilen auch das. Sind sie Geliebte? Wahrscheinlich. Sind sie Moderatoren? Auch. Wahrscheinlich sind sie meistens alles zusammen in einer Person und auch oft gleichzeitig.

Folgendes kann dazu beitragen, eine dauerhafte Hilfe zu leisten:

- Die eigenen Emotionen einschränken. (Wut und Hass blockieren und lähmen mögliche Hilfen. Zuhören, Beobachten und Analysieren helfen dagegen weiter.)
- Distanz zum Geschehenen gewinnen, nicht zur Person. (»Es ist nicht mir passiert.«)
- Mitfühlen – aber nicht mitleiden. (Leiden führt zu Passivität. Mitgefühl gibt uns die Dimension des Leidens an, und wir wissen, wo wir mit unserer Hilfe ansetzen können.)
- Sich vor Überforderungen schützen.
- Die eigenen Interessen, die eigene Arbeit nicht darunter leiden lassen.
- Sich Informationen beschaffen und sie auswerten. (»Ich kann helfen, Erinnerungen aufzufrischen.«)
- Anfangen, eigene Kindheitserlebnisse aufzuarbeiten. (Das hilft, die eigenen Reaktionen auf die Partnerin und ihre Probleme besser verstehen zu lernen.)
- Sich klar machen, dass Helferinnen und Helfer keine Profis, also keine Therapeuten sind – und das auch dem Part-

ner/der Partnerin verdeutlichen. (»Ich darf Fehler machen
– ohne mit Schuld belastet zu werden.«)

- Wenn ich nicht weiter helfen kann, muss sich der Partner/die Partnerin professionelle Hilfe holen. (»Ich kann nicht alles.«)
- Sich eigene Freiräume, Ausgleichssektoren, Freizeitbereiche bewahren. (»Diese Zeit gehört mir ganz allein.«)
- Sich eine Auszeit nehmen, wenn eigene Probleme anstehen.
- Für gemeinsame Ablenkung sorgen: Essen gehen, selbst kochen, Veranstaltungen besuchen, verreisen usw. (»Es ist schön, wenn man gemeinsam die schönen Dinge des Lebens genießt.«)

Dies ist mein ganz persönlicher Katalog, der sich sicherlich noch durch den einen oder anderen Punkt erweitern ließe.

Als ich eines Tages mit meinem Mann ein Problem besprechen wollte, meinte er: »Heute kann ich nicht. Das hat nichts mit dir zu tun. Ich brauche einfach Zeit für mich.« Am nächsten Tag kam er dann von selbst: »Jetzt können wir reden.« Diese Reaktion war für mich in doppelter Hinsicht gut. Durch den Zusatz, es habe nichts mit mir zu tun, musste ich mich nicht wieder schuldig fühlen. Es hätte ja sein können, dass ich in der letzten Zeit eine zu große Belastung für ihn war. Außerdem registrierte ich, er nimmt tatsächlich eine Auszeit und schützt sich so vor einer Überforderung. Dadurch wurde mein Mann als Helfer für mich glaubwürdiger, und ich war eher bereit, seine Hilfe anzunehmen.

(Ellen Rachut)

IV. Positive Langzeitwirkungen für Helferinnen und Helfer

Betroffene gehen immer davon aus, dass sie mit ihren Problemen eine Belastung für ihre nähere Umgebung sind. Das ist zuweilen auch der Fall. Wenn es der helfenden Person aber gelingt, das Problem der Betroffenen nicht zu dem eigenen zu machen und sich den Blick frei zu halten für die positiven Seiten des Lebens, kann sie auch viel gewinnen.

Ich persönlich habe folgende positive Wirkungen auf meine Persönlichkeit festgestellt:

– Ich habe aufgehört zu rauchen.
– Mein geistiger Horizont hat sich erheblich erweitert – und das in meinem Alter (60 Jahre)!
– Ich habe damit begonnen, meine eigene Geschichte aufzuarbeiten: Internierungslager in Dänemark über einen Zeitraum von eineinhalb Jahren, Hunger und Not in der Nachkriegszeit usw.
– Ich bin toleranter geworden gegenüber auffälligen Verhaltensweisen.
– Ich bin offener geworden für die Probleme anderer.
– Ich bin sensibler geworden im Umgang mit anderen Menschen und im Erkennen ihrer Probleme.
– Ich bin geduldiger geworden, wenn es um die Lösung von Problemen geht.
– Ich bin freier geworden im Ansprechen von Problemen mit anderen Menschen, und ich kann dabei jetzt so formulieren, dass ich andere nicht verletze.
– Ich habe einen sehr viel sensibleren Zugang zur Kunst gewonnen, das heißt, ich empfinde Gedichte viel intensiver als vorher, sehe Bilder mit anderen Augen (nicht nur

maltechnisch) und höre Musik, trotz meines Tinnitus, mit einem größeren Einfühlungsvermögen als früher.

Das kann ich nur bestätigen. Durch diese neue Einstellung meines Mannes, die auch mich beeinflusste, haben wir zu einem neuen, tieferen Verhältnis zueinander gefunden. Entwickelt hat es sich in langen Gesprächen – immer offener und tiefer – während der Therapiezeit und auch noch danach. Dadurch gewannen wir beide unendlich viel an Toleranz, Sensibilität und Geduld.

Ein weiterer Aspekt wurde gerade neulich von einer langjährigen Freundin unserer Familie ausgedrückt. Sie meinte, Siegfried sei sehr viel weicher geworden. Dabei war es ihr wichtig zu betonen, sie meine Weichheit im positiven Sinn.

(Ellen Rachut)

V. Ellen Rachut
Schluss

> Ich will verstehen und sehen – die Folgen, die Ursachen – und ich habe ein Ziel: Ich will leben.
>
> Anna (Brief)

Nachdem das Buch bis hierhin gediehen ist, stelle ich mit Erschrecken fest, dass es für Sie als Leserin und Leser so aussehen kann, als drehe sich bei uns Betroffenen das gesamte weitere Leben nur noch um den Missbrauch und seine möglichen Folgen, so als könnten wir nie wieder fröhlich lachen. Das ist ganz und gar nicht der Fall. Doch in diesem Buch geht es nun einmal um die Folgen sexualisierter Gewalt – darum, sie verstehen zu lernen, helfen zu lernen. Also muss es sich auch in der Hauptsache damit beschäftigen. Das heißt aber nicht, Betroffene sexueller Gewalt seien allein darauf reduziert, sich mit den Auswirkungen ihrer Vergangenheit zu befassen – auch wenn es manchmal eine Zeit lang den Anschein hat.

> *So viele wundervolle Erfahrungen habe ich im letzten Jahr machen dürfen, so viele Beziehungen haben sich vertieft und sind gereift an meiner wiedergefundenen Sprache bzw. an der Entdeckung meiner Gefühle. Ich habe nie gewusst, wie sehr ich blockiert war und was ich alles nicht gelebt habe. Es ist so schön, das Leben mit all meinen Gefühlen zu leben, neu zu entdecken.*
>
> *Inge (Brief)*

Missbrauchte Kinder und Jugendliche entwickeln immense Stärken; denn nur so können sie das Leid ertragen und überleben. Die Stärken bleiben weiterhin im Innern vorhanden.

Jetzt gilt es, sie als erwachsener Mensch zu nutzen, um das eigene Leben endlich selbstbestimmt in die Hand zu nehmen und sich vor erneuten Zugriffen zu schützen.

Ähnlich ausgedrückt habe ich das auch von anderen Betroffenen erfahren, zum Beispiel durch den Satz: »Ich will nicht länger Opfer sein!« oder in dem Eintrag im Gästebuch unserer Ausstellung:

Mein Herz erbebt. Trauer, Angst,
Aber ich lebe.
Ich liebe.
Und ich verzeihe.
Seltsam, Leben ist schön.
Ich darf mich nicht mit Selbstmitleid und Kummer
abfinden.
Ich habe ein Recht, diese Welt zu genießen!
(eine, die aus dem Tal gekrochen ist und lachen kann.)

Bei unseren Veranstaltungen trafen wir so viele starke Frauen und auch Männer – Betroffene, für die es wichtig war, ihre Vergangenheit nicht so viel Macht bekommen zu lassen, dass sie alles Gute und Schöne aus ihrem Alltag verdrängen kann. Trotz einer Zeit des Kämpfens schafften es die meisten, in ein lebenswertes Leben zurückzufinden – ja, sogar wieder erfüllte und auch fröhliche Zeiten zu genießen.

Dankbar über mein Leben – spüre ich meine Kraft – und wage zu vertrauen – MIR.

Michaele (Brief)

Viele von ihnen haben für sich beachtenswerte kreative Ausdrucksmöglichkeiten gefunden, sich mit ihrer Geschichte auseinander zu setzen. Aus der Fülle des mir zugesandten Materials habe ich einige wenige Beispiele ausgewählt, um diesen starken und bewundernswerten Menschen das letzte Wort zu überlassen.

VI.   Texte und Bilder

Die Nacht in der Wüste

Als ich durch das Licht ging
Und ich kam an den Rand des Hellen
Und es war Tag
Da wollte ich
Nur
Sterben

Als es kalt wurde
Und ich fror
Und es war Abend
Da begann ich
Nicht
Mehr zu leben

Als ich durch das Dunkel ging
Und ich war im Zentrum der Finsternis
Und es war Nacht
Da habe ich
Plötzlich
Gehofft

Als ich in das unendliche Blau flog
Und ich umarmte die Sonne
Und es war Morgen
Da wollte ich
Nur Leben

Anna (Brief)

Anne B.

WendeZeiten

Zeit dazwischen

und dann

dunkle dunkelheit
drinnen und draußen

WENDEZEIT

tiefste tiefe
absturz

von innen aufblicken

nach draußen gehen

in die
urgründe
des seins

die vergangenheit loslassen

und den
hauch

nach innen blickend
nur noch schwarz

des
neuen Lebens

von
einsamer
traurigkeit
und
schwere

wahrnehmen
und
spüren

das licht kommt

gewiss!

Michaele (Brief)

Reicher ...

Reicher als je zuvor,
bin ich in meinem Leben ...
habe ich mich doch
selbst gefunden,
nach all den Jahren
der Flucht vor
sexuellem Missbrauch
und Vergewaltigung.
Ich bin –
Das, was ich bin,
bin ich.

Ich liebe mich mit all meinem Empfinden.

Barbara F. (Brief)
Aus dem Begleitheft ihrer Ausstellung
»Ich lebe wieder ... Heilung von sexueller Gewalt«

Anne B.

Katharina (eine Helferin)
Einstein

Es ist ein Freitag im November. Ich habe lange an meinem Schreibtisch gesessen und zwischendurch gestaunt, wie früh es schon dunkel wird. Ich bin müde, quäle mich aber dennoch weiter durch das Buch hindurch, das ich zu besprechen habe. Langsam stellt sich Unruhe in mir ein, als so gar nichts geschieht. Die Zeit dehnt sich endlos. Warum ist Alexander eigentlich noch nicht zu Hause? Wo bleibt Anna? Es soll losgehen, das Wochenende.

So ein Unsinn. Immer wieder dieses Warten auf etwas Besonderes, das da leuchtet und glänzt. Wie das Kind vor dem Weihnachtsbaum. Und neuerdings dann oft die Enttäuschung, wenn ich mit diesen Menschen um mich herum noch einsamer bin.

Es klappert an der Tür. Alexander kommt, guckt kurz zu mir herein, läuft geschäftig hin und her und wird bald von einem Freund abgeholt. Jazz-Nacht. Kann spät werden. So einen erwachsenen Sohn habe ich! Es verwundert und beruhigt mich gleichermaßen.

Anna hat angerufen, sie will länger arbeiten. Ausgerechnet am Freitag. Wir sehen uns in der Woche doch schon kaum. Und – sie weiß, dass ich auf sie warte. Vielleicht fürchtet sie sich vor den freien Tagen, davor, sie selbst sein zu müssen, sich nicht mit Arbeit zuschütten zu können. Vielleicht fürchtet sie sich vor mir, vor der Direktheit meiner Blicke und Fragen. Davor, dass ich sie sehen könnte, wie sie ist. Vielleicht aber verspürt sie auch das unklare Bedürfnis, sich und mich verletzen zu wollen.

Leiser Unmut steigt in mir auf. Ich stelle eine dicke Kerze vor dem dunklen Fenster aufs Fensterbrett, setze mich an den Computer und beschließe, mich an der Gemütlichkeit zu freuen. »Genieße das Leben!«, lese ich auf einem Aufkleber, der demonstrativ und gut sichtbar auf meinem Schreibtisch lehnt. Na, versuchen wir's mal.

Ich schreibe etwas, das mich sehr angeht und beschäftigt, und mit jedem Wort, jedem Satz löst sich meine Verletztheit ein Stückchen mehr auf.

Mitten in einen Gedanken hinein schrillt die Klingel. Anna ist da, nun ist sie also doch gekommen, früher als angekündigt, und mit einer Flasche Rotwein in der Hand. Wenig später stehen wir in der Küche und schnippeln Gemüse, schneiden Würstchen in kleine Stücke und warten, dass die Kartoffeln gar sind. Ja, das ist er, der Freitagabend, den ich herbeigewünscht hatte! In der Küche summende Wärme, ein Stückchen Gemeinsamkeit. Wir sind einander fast nahe. Noch nicht ganz, aber es fühlt sich fast schon so an. Wie selten sind diese Momente geworden. Oder ist es auch jetzt nur ein schöner Schein, tun wir beide vielleicht nur so, als ob? Dennoch, ich mag mich nicht von diesem Gefühl trennen.

Wir decken im Zimmer den Tisch, schalten die kleine Lampe an, die ein gedämpftes, gelbes Licht verbreitet, und lassen es uns bei duftendem Auflauf und Wein gut gehen. Wir reden ein bisschen über Annas Arbeit, über die Uni, über Alexander, und immer noch bin ich nicht ganz schlüssig, ob wir jetzt miteinander reden oder nur plänkeln, Konversation treiben.

Langsam, langsam driftet das Gespräch zu den Themen hin, die uns angehen, wirklich und im Innersten angehen. Annas Erinnerungsarbeit. Was fühlst du, wie geht es dir tatsächlich – ich will es wissen! Ich weiß ja, dass du die Dinge vor allem mit dir abmachen musst, dass *du* sie heraufholen, den Schmerz ertragen, deine Haltung dazu finden musst. Aber *wissen* muss auch ich, einiges zumindest, um dich verstehen zu können, um *meine* Haltung dazu zu finden und vielleicht, um dir über deine Erlebnisse weinen zu helfen.

Werde ich heute an dich herankommen? Es hängt wenig von mir ab. Sie entscheidet. Das ist sicher gut und richtig so, aber manchmal schwer zu ertragen. Oft viele Tage Ferne, kein Zugang, beredtes Schweigen.

Plötzlich, völlig übergangslos, sagt sie: »Weißt du, was mir vorgestern Nacht wieder eingefallen ist? Wie meine Mutter meinen Teddy ersäuft hat, zur Strafe, weil ich nicht so gehorsam war, wie sie es wollte.« Zum Schluss hat ihre Stimme einen leicht mokanten Unterton.

Eine bläulichweiße Eiskugel zerbirst in meinem Innern, noch bevor ich etwas denken, sagen oder fragen kann. Nein. Nein, nein – so grausam kann ein Mensch nicht sein. Die Spitzen der Eiskristalle bohren sich schmerzhaft in meine Seiten, den Magen, den Bauch. Schneidende Kälte. Diese ältliche Frau, die heute so weichlich, weinerlich, mitleidig und mitleidheischend durch die Welt huschelt, ist dazu imstande? Sie ist. Ich weiß, dass es so ist. Ganz tief in mir weiß ich es.

Der Teddy – das ist Einstein, er sitzt, vom vielen Drauffliegen schon ganz platt gedrückt, nebenan gemeinsam mit meinen Bären auf dem Stuhl in der Ecke und hat ein grün und weiß gemustertes Tuch verwegen um den Hals geschlungen. Ein unscheinbarer, lieber, geliebter Teddybär, der also einst ermordet wurde.

Das Kind, dem dieses geschah – das ist Anna, ein kleines dünnes Mädchen mit blonden, dichten Haaren und großen, viel zu erwachsenen Augen, vielleicht fünf oder sechs Jahre alt. Der Ort des Geschehens ist die elterliche Wohnung, sauber, ordentlich, liebevoll eingerichtet. Was um alles in der Welt hat das kleine Mädchen getan, dass ihm so Grausames widerfahren ist zur Strafe? Es hat sich widersetzt, vielleicht. Es hat versucht, sich zu entziehen. Sicher nicht in einer heftigen Gegenwehr, eher aus einer dunklen Abneigung, einem Nicht-Wollen heraus für das, was es tun sollte.

Sie wollte nicht ins Bett der Mutter – doch, sie wollte schon, denn sie war ein kleines Kind. Aber sie wollte es nicht so. Nicht sich anfassen lassen müssen an so seltsamen Stellen, nicht all das Andere, Merkwürdige, das manchmal auch weh tat. Sie hatte keine Worte dafür, denn sie war ein kleines

Kind. Aber sie hatte eine dumpfe Angst davor. Sie hatte versucht auszuweichen.

Nun stand sie im Badezimmer und sah unbeteiligt, wie der Bär Einstein, der eigentlich nicht mehr lebte, an den Ohren auf die Wäscheleine geklammert war und in die Badewanne tropfte. Das Mädchen hatte später auch einen Hund, an dem es sehr hing.

Es stand da und fühlte nichts mehr.

An diese Episode sollte es sich erst zwei Jahrzehnte später wieder erinnern, im November dieses Jahres.

Wie schließt man eine solche Geschichte ab? Ich weiß es nicht. Soll ich von der Qual erzählen, die Anna ertragen muss, seitdem sie sich wieder erinnert? Von meinen Tränen um das Leid des kleinen Mädchens, die es aber doch nicht schützen können? Wir haben an jenem Abend dem Bären Einstein eine Schleife umgebunden, eine leuchtend blaue, als späten und kargen Trost gewissermaßen.

Noch mehr: Wie geht eine solche Geschichte aus, wenn es eine wirkliche Begebenheit ist? Ich gäbe etwas darum, das zu wissen, oder besser: zu wissen, wie man sie zu einem guten Ende führt.

Wer kann die Kinder nur behüten?

Anmerkungen

1 *Sexuelle Gewalt, sexualisierte Gewalt, sexueller Missbrauch* – welches ist der richtige Begriff? Die erbitterten
Diskussionen darüber sind meiner Ansicht nach eher a-
kademischer Art und passen nicht in ein Buch für die
Praxis. Hier wissen alle, was damit gemeint ist bzw. nicht
gemeint sein kann. Deshalb werde ich alle drei Begriffe
gleichwertig nebeneinander benutzen.

2 Rachut, Ellen: Durch dichte Dornen. Münster 1996.

3 Wanzeck-Sielert, Christa: Zahlen und Fakten zum sexuellen Mißbrauch. In: Reader Sexuelle Gewalt und sexueller
Missbrauch im gesellschaftlichen Diskurs. Bd. 2. Hrsg.
vom Landesinstitut für Schule und Weiterbildung. Soest
1995, S. 134.

4 Bei der Formulierung *das verletzte Kind in sich* oder *das
innere Kind* handelt es sich um einen Fachausdruck aus
der Psychologie. Damit sind nicht ausschließlich Kinder
gemeint. Es kann sich auch um Jugendliche handeln, die
tief im Innern verletzt wurden.

5 Woltereck, Britta: Frauen mit sexuellen Gewalterfahrungen. In: Helga Bilden (Hg.): Das Frauentherapie-Hand-
buch. München 1991, S. 113.

6 Mullen, Paul E.: Der Einfluss von sexuellem Kindes-
mißbrauch auf die soziale, interpersonelle und sexuelle
Funktion im Leben des Erwachsenen und seine Bedeutung in der Entstehung psychischer Probleme. In: Gabrie-

le Amann und Rudolf Wipplinger (Hg.): Sexueller Missbrauch: Überblick zu Forschung, Beratung und Therapie;
ein Handbuch. Thübingen 1997, S. 246 ff.

7 Ebd. S. 255 f.

8 Ebd. S. 256.

9 Woolf, Virginia: Diary. In: Louise DaSalvo: Virginia
Woolf. Frankfurt am Main 1994, S. 133.

10 Moggi, Franz: Sexuelle Kindesmißhandlung: Traumatisie-
rungsmerkmale, typische Folgen und ihre Ätiologie. In:
Amann, Gabriele und Rudolf Wipplinger (Hg.): Sexueller
Mißbrauch: Überblick zu Forschung, Beratung und Therapie; ein Handbuch. Thübingen 1997, S. 193 ff.

11 Hegerl, Ulrich, Prof. Dr. med. (Hg): Psychiatrische Klinik
der LMU München, Neurophysiologie im Internet: http://
www.Kompetenznetz-depression.de

12 Herman, Judith Lewis: Die Narben der Gewalt. München
1993, S. 152 f.

13 Richter-Appelt, Hertha: Differentielle Folgen von sexuellem Missbrauch und körperlicher Mißhandlung. In: Gabriele Ammann und Rolf Wipplinger (Hg.): Sexueller
Missbrauch, Überblick zu Forschung, Beratung und Therapie; ein Handbuch. Tübingen 1997, S. 211

14 Rush, Florence: Das bestgehütete Geheimnis. Sexueller
Kindesmissbrauch. Berlin 1985

15 Mebes, Marion/Jeuck, Gabi: Sucht – Schriftenreihe Sexueller Missbrauch. Bd. 2. Berlin 1989.

16 Kinzl, Hannes: Sexueller Mißbrauch und Eßstörungen.
In: Amann, Gabriele und Rudolf Wipplinger (Hg.): Sexu-
eller Mißbrauch: Überblick zu Forschung, Beratung und
Therapie; ein Handbuch. Tübingen 1997, S. 239 f.

17 Vgl. im Folgenden auch das Kapitel über Essstörungen.

18 Rachut, Ellen: Durch dichte Dornen. Münster 1996.
19 Frisch, Max: Die Schwierigen. Zürich 1977, S. 212.

Ellen Rachut, geb. 1939, und ihr Mann Siegfried Rachut, geb. 1942, sind seit 1965 verheiratet und haben eine Tochter und einen Sohn. Als Folge sexueller Gewalterfahrung in der Kindheit musste Ellen Rachut nach 30 Jahren Schuldienst den Lehrberuf aus gesundheitlichen Gründen aufgeben. Nach längerer, abgeschlossener Therapie fühlt sie sich geheilt und engagiert sich seit 1998 als Betroffene sexueller Gewalt. Sie führt eine Wanderausstellung, Lesungen und Veranstaltungen durch. Seit seiner Pensionierung unterstützt ihr Mann sie bei Workshops für Betroffene sexueller Gewalt und deren PartnerInnen sowie bei Tagungen für professionelle Helfende.